# 年在耳順

潘國鍵著
BA, DipEd, MA, MPhil, MEd, PhD

The SenSeis

*First Edition*
*Feb 2019*

*Published by*
*The SenSeis 尚尚齋*
*Toronto*
*Canada*
*www.thesenseis.com*
*publishing@thesenseis.com*

ISBN 978-1-7753566-4-6

# 目錄



## I. 永懷篇



## II. 宗教篇



## III. 旅遊篇

## VI. 雜說篇

# 序

國鍵年逾六十，可謂老耆。孔子言，六十而耳順(《論語·為政》)。朱子註云: 聲入心通，無所違逆; 知之之至，不思而得也。意即年達耆歲，事物之理，當了然於胸，聞其聲即得知其旨，無待思量也。

愚六十後十年間所作之文，確又我手寫我心，無待思量也。斯亦「耳順」乎? 非也非也，此去孔子者遠矣! 蓋何謂「心通」，何曰「物理」，覓之半生，愧無所得。如今年老力衰，愈見無能。況乎六十而慘遭喪妻之痛，惱困難解。殊覺知命不易，耳順尤難。故愚之所謂不思者，非因「心通」，更非「知之之至」。而僅係思而弗得, 溺思何益? 唉，年已耳順，人生將盡，其「不用想」者乃是聖賢，愚「不去想」者則屬凢夫。凢夫蕪語，東拉西扯，粗分「永懷」「宗教」「旅遊」「雜說」四篇，庶或供人遣閑耳。聊為序。

二零一八年冬月眇人國鍵識於多倫多如心齋燈下。 葉枯草衰，歲寒又至。

索米諷至尊臣朔自
言貧砍肉遺細君
臣朔自仁言猾稽
侍金殿游戲披
逆鱗星精固難
信人間無其人

潘國鍵擬齊白石東方朔圖
水墨設色紙本 98x34cm 1986年丙寅

# I. 永懷篇

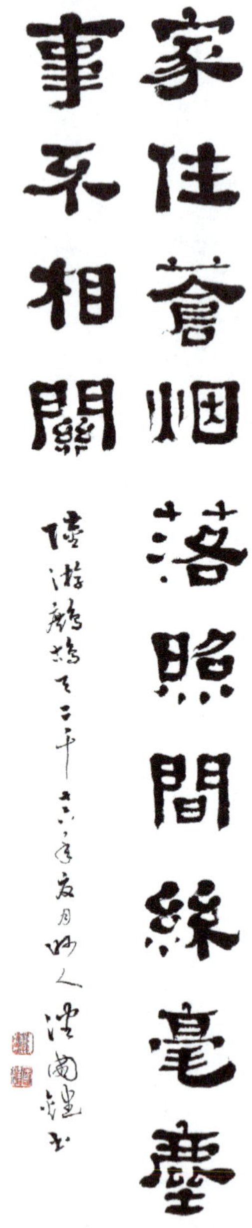


潘國鍵隸書陸游鷓鴣天句
水墨紙本 123x35cm 2016年丙

# 恩師嚴耕望教授與我

（一）

在國鍵短暫的治史生涯裏面，先師嚴耕望教授是對我影響最深、恩德最厚的其中一位老師。

嚴師是中央研究院院士，是世界頂尖的史地大師。其治學之勤，著述之豐，前雖未必全無古人，但後則相信極難再有來者。尤其性情淡泊，不好名利，更是今日大學裏面濁水之中罕有之清流。

（二）

一九六七年夏，國鍵考入中文大學新亞書院歷史系。和嚴師結緣，則始於四年級時他當上了我們的班主任，而國鍵則是班長。但聽人說，嚴師講的國語，帶有濃厚的安徽桐城口音，不容易聽得懂。自己既是班長，也唯有硬着頭皮，拿着紙筆，往他的辦公室稟報班中雜事，並候吩咐。其時在語言溝通上雖確有點困難，但在紙筆幫助下，大致也不成問題。印象中，第一次拜候嚴師時，他的温文和善，笑容可掬，對學生復處處關懷，頓使國鍵心中的惶懼，一掃而空。

（三）

新亞院規，班主任每學期須與學生聚會至少一次。嚴師愛好行山，我班第一次和他的約叙，就是請他老人家同往太平山頂遠足，並約定在纜車站集合，一道登山。該日，我們在車站等了逾半句鐘，猶未見嚴師踪影。心急之餘，派人往山上車站看看。啊！原來他早已在那兒等着了！國鍵沒清楚向嚴師交代是在山上還是山下的車站集合，可真慚愧之極了！

（四）

嚴師治學的態度，從來極之嚴謹。所授史地和政制的課程，尤其艱深難習。至於給分，也從不鬆手。普通學生，自然避之則吉。可國鍵三年級時便看破成績，但仰嚴師之學問和為人，早有追隨之意。四年級時，一口氣修了他的「中國歷史地理」和「中國政治制度史」兩門功課，成績竟也幸運地都得了A級（甲等）。除了意料之外的喜悅，亦頗為日後研究草原民族關係史，打下了良好的基礎。國鍵對草原民族的興趣，是三年級修王德昭教授「中西交通史」時啓發的。十分感謝王老師。

（五）

在中大研究院時，在恩師牟潤孫教授的指導下，寫成《玄奘西征年代考》，並因之拿了個「哈佛燕京獎學金」。而碩士論文《北周疆域考》，則在嚴師指導下完成。這兩篇文章，用的大部份已是平日讀書時所搜集的有關民族、地理、交通、制度等歷史材料。

（六）

歷史地理和地方行政制度，讀起來確甚枯燥而乏味。一般青年人，未必容易忍受。國鍵拜嚴師門下，專注史地，看來他是頗為高興的。而嚴師對我，似乎也特別關懷。每有新作問世，總送我一本珍貴的單行本，讓我一讀。猶記得碩士論文考試，主考王德昭教授對於國鍵論文之語雜文言，頗有意見。嚴師愛我心切，即時替我辯解。王師似稍不悅，我則幸得順利過關。

（七）

碩士畢業之後，嚴師曾問國鍵，可有興趣在李吉甫的《元和郡縣圖志》做點考證工夫否。某日，又贈我七大冊藝文印書館印行的精裝版《宋史》，謂他的研究範圍，斷限於唐代，希望我能繼續下去。唉，重得要命的七大冊書本，竟勞煩他老人家親自搬到新亞書院他的辦公室來交給我，門生不肖，能不即時感激無限？嚴師心意，我收到了；他的期許，我也讀到了。至於書錢，我還是堅決付還了給他。十多年後讀嚴師的《治史答問》（《岫廬文庫》，台灣商務印書館，一九八五年版），赫然發覺有「宋史是青年可大展拳腳的園地」一節！其原因是，在「史料情況」、「宋代在中國史上的特別意義」和「前人對於两宋的研究工作不如理想」三方面來考慮（頁二二），兩宋的研究，最能讓青年學人「大顯身手」（頁二三）！

（八）

人生的際遇，往往並非自己可以完全掌握。冥冥之中，似乎有個安排。當日未知是何因緣，國鍵報讀了香港大學中文系的中史研究碩士班。畢業之後，復在嚴師和牟師的大力推薦下，蒙港大中文系恩師趙令揚教授收錄為博士生，並邀得剛到任的系主任何丙郁教授當我的指導老師。國鍵在史學方面的研究，才得繼續下去。

（九）

博士畢業後，拿着博士論文《北魏與蠕蠕關係研究》往見嚴師，請他多給意見。數日後，嚴師見我，指出論文中有一行文字史料句讀欠佳，叫我修改。並謂將赴台灣，願意親自替我把論文交給台灣的王壽南前輩，看看有沒有出版的機會，可真喜出望外了！厚愈兩吋，重達六、七磅的一部論文手抄本，要他老人家帶往台灣，國鍵又再一次感動到無以言喻！嚴師於史學研究，向來要求極高，更不輕易以學生論文習作，推薦當今一流書館。這趟幫忙，足見他對國鍵的關懷和愛惜之情，是何等的深厚了！！

不數月，而台灣商務印書館寄來了一紙有關版權的合約。嚴師和王前輩，真的衷心感謝你們了！

（十）

嚴師對我的愛護，當不止於此。一九八六年國鍵在香港舉行個人書法展覽會，在開幕典禮當日，他老人家竟也不辭舟車之苦，前來參與！嚴師為人甚為低調，不大參加非學術性的公開活動。他的出現，自易成為佳話。而開幕當日，到場的除了嚴師之外，還有饒宗頤教授、趙令揚教授、杜祖貽教授、全漢昇教授、羅慷烈教授、何丙郁教授、陳炳良教授、何世明牧師、鄭春庭老師、馬國權先生和幾乎已絕跡公眾場合的嶺南派名畫家容漱石老師，俱乃文教藝術界有大成就的顯赫人物，不能不謂之一時之盛也！諸前輩師長之厚愛於我，能不永誌於心？（記憶中，牟潤孫教授本欲前來展會，可惜因為行動不便，終未成事。沒料到不兩年而牟師辭世，從此便是天人兩隔！）

（十一）

嚴師有大恩德於我，我卻負了嚴師。自知研治中古草原民族歷史地理，在大學裏面沒有市場，想謀教席固是天方夜譚。何況嚴師持身高潔，向不牽涉大學人事瓜葛。就他自己在中大會否升任正教授，也從來是不聞不問。若要他老人家出面推薦門生爭取大學教席，並不符合他遠離複雜的大學人事關係的作風。作為他的弟子，在這方面須要有充足的心理準備，也更要明白他老人家的性格和苦衷。

（十二）

博士畢業三年後，國鍵舉家移民加拿大。治學的興趣，也由史學轉往教育和書法方面。手頭一大堆還未利用的研究資料，頓都成了廢物。雖曰無奈，亦客觀環境所使然也。

自後在港拜訪嚴師和師母，意在誠心向兩老請安，甚少談及治史之事。而嚴師和師母當時也為了照顧小孫女，忙着樂着。大家談的，也不外乎生活瑣事、兒女教育。偶爾請他兩老吃頓午飯，便算是執了弟子之禮。未幾小孫女返美國就學，而聽師母說，嚴師又因耳疾復發，健康日差。自己除了間中致電問安之外，也不敢再往嚴府打擾了。今日回想起來，愧疚更深。

一九九六年，嚴師不幸謝世。國鍵其時身居加拿大，竟然全不知情！實此生最大之遺憾也！！

（十三）

嚴師一生，盡獻史學。而這碩果僅存的德才兼善的史學大師一旦離世，難免令人有無復後繼之哀歎。或由於這種哀歎，嚴師的巍巍風範，在人們的心目中，相信必更深刻。且亦必隨其難以倫比的學術成就，於立德立言，並臻不朽。

在艱難時代，抱有大理想的知識份子們，對道德人格和學問造詣，要求極高。可二十世紀七十年代後，社會漸趨富裕，而大學在庸俗的洪流之中，早也喪掉了培養文史偉大學人的環境和條件。至少在我們這一代來說，類如嚴師淡泊自處、專注學問而得大成的學人，恐怕也無法不成了絕響！

二十世紀錢穆、唐君毅、牟宗三、牟潤孫、嚴耕望諸大師治學救國的新亞書院情懷，殆亦隨嚴師之終亦歸休，完全落幕者焉。

二零零九年夏眇人潘國鍵寫於多倫多如心齋寓。時嚴師離世，不覺十三載矣。

## 附九六年合照:深深懷念先師嚴耕望教授和師母

九零年代初，恩師嚴耕望教授健康欠佳，國鍵已極少往嚴府打擾。近日重翻舊時照片，才記得一九九六年二月廿五日農曆丙子新春大年初七早上，國鍵一家往九龍塘義本道嚴師府上，向老師和師母拜年，兼稟報弟子一家將於年中返加拿大定居的事。大家喜氣洋洋，拍照留念。時老師精神尚佳，師母仍甚壯健。沒料同年十月，嚴師捐館！而事隔十六年，師母和內子佩鑾亦先後辭世！每每思之，哀傷難奈。人世苦如此，夫復何言哉！二零一二年四月壬辰清明節潘國鍵識於多倫多如心齋燈下。

照片一: 嚴師、師母與國鍵

照片二: 嚴師與國鍵

照片三: 師母與內子佩鑾

# 師道與書道: 讀《錢穆先生書信集》有感

(拙按: 本文純乃國鍵之雜感。況年老目盲, 但憑憶記。其是耶非耶, 也請大家包涵了。)

(一)

二零一四年耶誕之月, 黃浩潮、陸國燊兩學兄寄贈所編《錢穆先生書信集—為學、做人、親情與師生情懷》(香港中文大學新亞書院, 2014年12月初版。下簡稱《書信集》), 細讀書中數函, 不無感慨。

(二)

世之所謂儒士者, 除了學問之外, 更須具備儒家至推崇的道德人格。有學而無德, 儒士云乎哉?

是以大儒錢穆先生之訓弟子也, 品行居先, 學問其次。此余英時先生於此書序文記先生告誡之曰:「學術的創新尚在其次, 更重要的是要我做一個堂堂正正的人。」(《書信集》,p.6)

讀聖賢書, 所學何事?

(三)

可歎的是, 在二十世紀六七十年代歐美方興的經濟掛帥、事事講求「成本效益」的功利主義大學庸俗化的洪流之下, 任職新亞書院想做個有高尚品格的「堂堂正正的人」, 未必容易。先生於一九六五年卸任院長時, 已察覺中文大學成立後, 研究所研究員與在校教學者「報酬相差過遠」,「又兼在上之人各以私心為好惡, 漸有奔競趨媚之風, 日增抑鬱不平之氣, 不僅學問不長進, 而性情志趣亦日以汙下。」(1965年先生致余英時函,《書信集》,p.7, 余序。)

這不正亦今日學術界的貼切寫照?

(四)

戀棧錢財名位抑或退而修德立言, 錢先生選擇了後者。此先生之所以可敬且足為人師也。

論實, 切志做學問工夫者, 先須拋棄名利。蓋俗世社會之名利關爭, 甚費氣力, 何暇顧得同樣要殫精竭慮的學術? 此所以先生於一九七三年對弟子吾恩師嚴耕望先生之決意放棄申請晉升為中文大學史系教授, 極為讚賞。原因是, 此「可省自己精力, 亦減無聊是非」(覆嚴耕望函,《書信集》,p.54)。在學術上想要有大成就呢, 也就衹能學傚嚴師之「澹泊自甘, 寂寞自守」了(仝上)。

安貧樂道殊不易。當日錢先生慨歎的是:「大陸流亡海外學術界, 二十餘年來, 真能潛心學術, 有著作問世者, 幾乎無從屈指。」(並見上引) 至如再經四十餘年後之今日, 大學教席報酬相對更豐厚了, 情況復又如何呢? 唉!

(五)

此無他, 誤墮世俗塵網也。新亞書院以「誠明」為校訓, 乃以治學之「明」, 恢復我真本性之「誠」。誠則明矣, 明則誠矣。藉此或可稍抹俗世權勢名利蒙污真本性之塵染焉。

錢先生身體力行, 不羣不黨, 更不喜與政界拉關係, 因而「自問數十年來絕意入政界, 此下亦將如是」(1959年先生覆弟子余英時函,《書信集》,p.82)。

故此, 新亞書院標榜的, 不是做大官、發大財。而是誠誠明明, 專心治學, 為承傳吾傳統文化並注入新生命(包括西方文化) 以振興吾民族而盡獻一生。

(六)

新亞書院之守護傳統儒家文化, 並不代表錢先生在政治上就是贊成獨裁。對於中國歷史政治制度的研究, 錢先生和嚴先生都十分重視。秦漢丞相乃「副天子」, 節制君權; 大唐三省制度,「不經鳳閣(中書)鸞臺(門下), 何名為敕」, 君權同樣受到限制。衹恨宋代廢相, 然后君權愈張, 政治愈見黑暗。這相信已是六七十年代新亞文史系同學的普通常識了。

今之視儒學必為專制獨裁, 不一定完全正確。

(七)

師之為道, 不全在於學問, 而尤貴乎人格, 斯所謂人師也。考之書道亦然。書道不因書寫技法之學而顯, 而衹會藉書家個人之品德修養而彰。

書法者技巧, 書道者精神。沒有高雅的品格操守, 難有清雅的書法作品。

故曰: 字如其人。

(八)

觀《書信集》錢先生信札翰墨, 厚重端雅, 圓適舒和, 甚得顏真卿的神髓。今試將書中六八年先生覆嚴先生書函之書法(p.58) 與真卿所書《祭姪文稿》相比較, 或證吾言之非虛也:

| | |
|---|---|
| 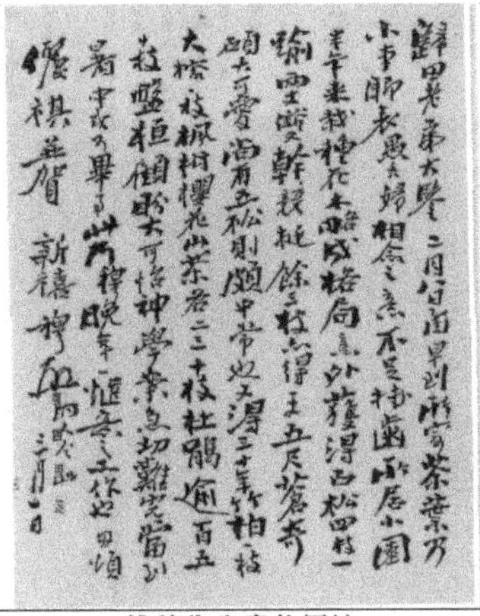 | 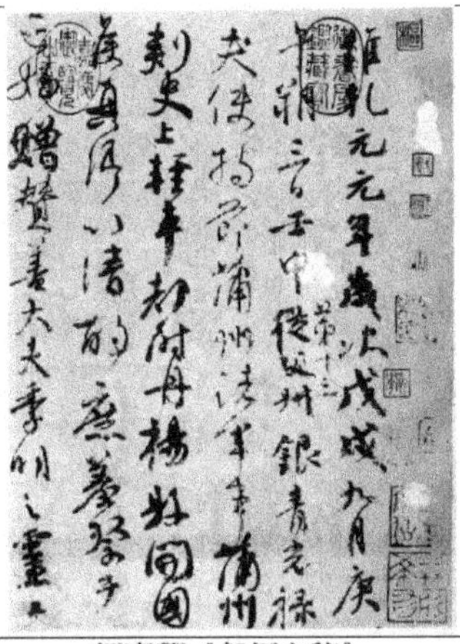 |
| 錢穆先生書札墨迹 | 顏真卿《祭姪文稿》 |

(九)

至如先生七二及七四年所書三函(pp.62,64,66), 字體氣度雍宏, 活潑多姿, 頗見褚遂良筆意。

按一九三一年錢先生與沈尹默同在北京大學任教, 時沈先生大力推崇褚書, 先生有否受他影響, 國鍵不得而知。所知者, 顏體本出褚書。而真卿遂良皆大唐忠烈名臣, 堅貞不屈, 巍巍然道德君子。顏褚於書法中流露的高尚氣節, 與先生之性情正相脗合也。

(十)

錢先生的書法, 於顏體褚意之中自具風格, 令人喜愛。是則其超凡成就, 又豈僅學術上之精闢著述而止?

二零一五年四月清明節後五日, 眇人潘國鍵稿於多倫多如心齋燈下。窗外斜風橫雨, 倍思嚴師師母。祈願兩老於天國淨土, 幸福快樂。

## 羅教授所賜詞作墨寶

羅忼烈教授，仁厚長者也。小楷工秀，頗冠時人。廿餘年前賜贈國鍵詞作一首，意境深遠。一代詞宗，誠非虛譽也。今夏教授捐館，謹錄國鍵所藏教授親筆詞箋，用證教授詞章書法兩精妙，復致無限之思念與崇敬之意焉。二零零九年己丑冬月潘國鍵識。

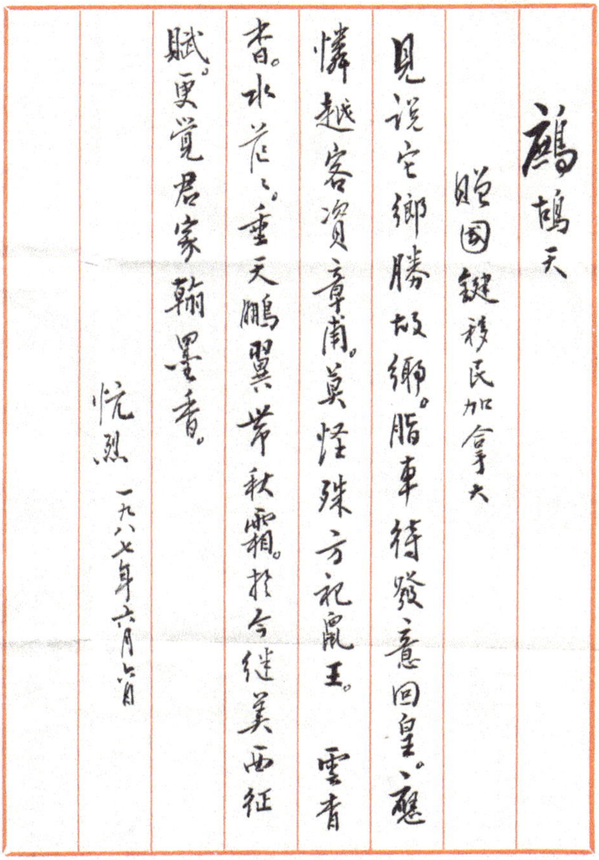
鷓鴣天

贈國鍵移民加拿大

見說空鄉勝故鄉。脂車待發意回皇、應憐越客資章甫。莫怪殊方祀鼠王。　雲青杳。水茫茫。垂天鵬翼帶秋霜。於今繼美西征賦。更覺君家翰墨香。

忼烈　一九八七年六月六日

見溪空以猶故以憐事鹤蒼亭回皇
故鄉賦客資亲甫茗輕獨方祀荒里
雲香水花序今鵬翼南秋露手今
建美西征坐又覺見家翁墨來
右鷓鴣天一首 丁卯素秋
國鍵兄弟属書遠以為生
悅生

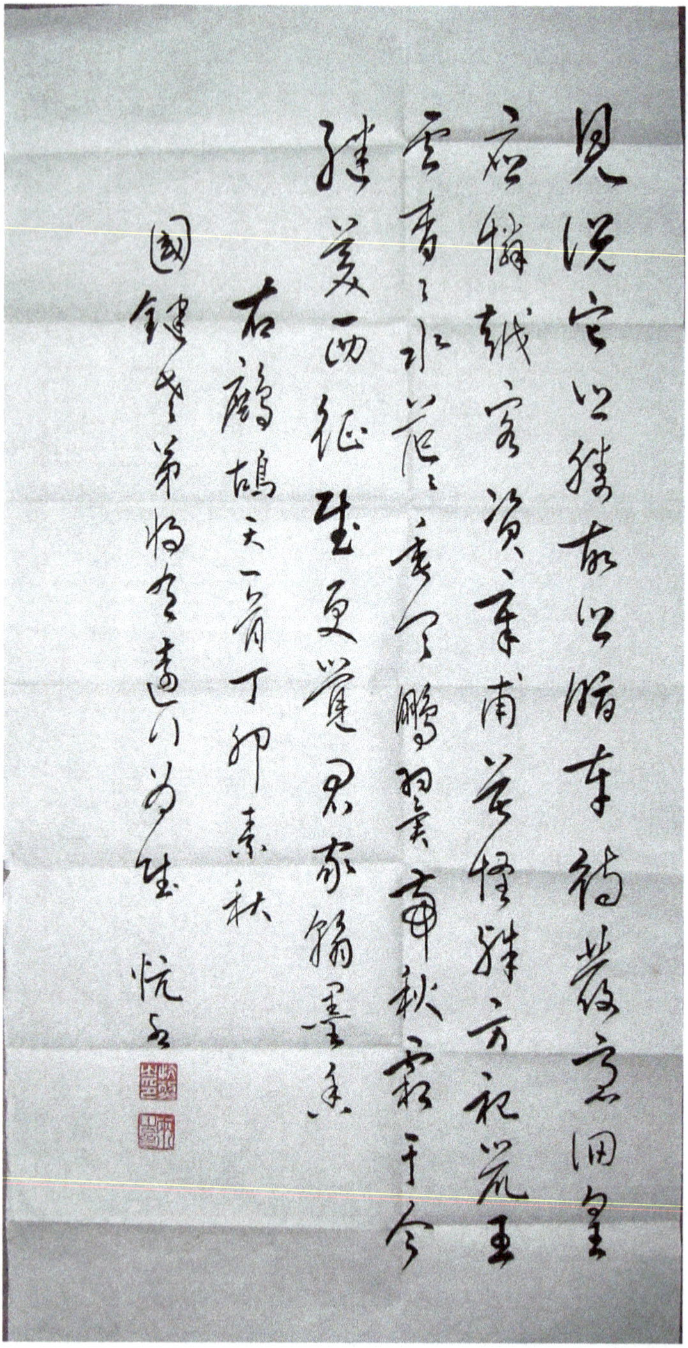

# 羅忼烈鷓鴣天

(釋文)
見說它鄉勝故鄉。脂車待發意回皇。
應憐越客資章甫。莫怪殊方祀鼠王。
雲青杳。水茫茫。垂天鵬翼帶秋霜。
於今繼美西征賦。更覺君家翰墨香。

(題識)
右鷓鴣天一首。丁卯素秋國鍵老弟將有遠行為賦。忼烈。

(鈐印)
忼烈之印(白文)、兩小山齋(朱文)

# 永懷愛妻

## （一）

二零一一年九月初，愛妻病情突然惡化，十月二十七日清晨，含笑歸天，享天福去了。

人說順天，佛說無執。然而，三十八載夫妻深情，豈能話捨就捨？

## （二）

愛妻和我的脾性，都畧為偏執，各有主見。朝夕相對，難免偶爾會有所「論辯」。有時，甚或會發點兒脾氣。不過，事後總會互賠不是，毫不介懷。而大多還是順她的意算了。

移民加國多倫多市，近十多年來最大的「辯題」，是愛妻很希望遷居北面朋友較多、屋較新大的萬錦市。

我實在同意。然而，一想及兒子在多市南區上學上班，由萬錦市往多市，交通極其擠塞，往返十分費時，不免又猶豫起來。討論十多年，終未成事。

兒子孝順。去年初答允順從母意，情願自挨塞車之苦。已告知相識的房產經紀，打算去年暑假外遊回來後，實行搬遷大計。萬料不到生命無常，竟至於此！

## （三）

我感謝天父。在這十四個半月的苦痛日子裡，祂無時無刻不在帶領着我家。諸事都能奇妙地順利完成，了無阻滯。

我感謝天父。愛妻確診患癌後，既無手術之痛，亦無化療之苦。原剩三、四個月的命，祂讓她多活了十個月，且其中八個多月病情毫無痛徵。其後用上止痛藥，也不過個多月而已。且祇要躺着，那就不痛了。

我感謝天父。九月初，當發覺愛妻氣力急速轉差，每多走兩步，左腿又劇痛難當，教我心如刀割的時候，祂答允了我卑微的哀求:她能再活多久已沒所謂了，祇要不痛，我就感恩了！

我感謝天父。祂賜我此生最大的磨煉，讓我嚐透了人生甚麼叫做真真正正徹徹底底無以言喻的絕望和傷痛。愛妻一痛，我心就更加痛了。我終於明白了，人是如何的渺小，而幸福快樂，確不是必然的。

我感謝天父。當愛妻衰弱至於一切都要我和兒子照顧，而腿痛愈見劇烈，就強力止痛藥亦無法立時鎮痛，我再也無力支撐下去，正陷於崩潰的時候，十月七日，醫生就來吩咐，要盡快送她入住醫院了。衹擔心時值感恩節長假，兼且輪候需時，可能要等上十日八日才有牀位。可不四日而醫生卻傳來所謂「好消息」，十月十二日清早，救護車便來送她入院了。

我感謝天父。當愛妻入院，我陷於混亂無助的時候，好友卻自動伸出了援手。

我感謝天父。在愛妻入院前的感恩節，衪及時安排了她最愛惜的胞妹、胞弟和弟婦，自美國前來相聚，賜她兩天愉快的時光。

我感謝天父。愛妻住院之時，大部份時間是沉睡着的。雖則見她醒來有時覺痛，頗甚辛苦，但，在高劑量的強力止痛藥的幫助下，劇痛的次數不多，也不太長。

我感謝天父。衪賜我力量，讓我羸弱之身，在如此巨大的精神壓力下，仍可應付各種家務（愛妻畧有點近乎潔僻，要求又高，雇請鐘點助傭，未必有所幫助），打點愛妻治病的一切大小事情。而進出醫院，必陪左右。勞心勞力勞氣（例如勸她不要輕信互聯網上各種治癌的無稽流言之類），筋疲力盡之時，我間中也會發點脾氣，但很快就向愛妻道歉了。

我感謝天父。在我極度悲傷之時，對自己的信仰確曾有所疑惑:愛妻心地善良，緣何受此折磨？祢讓兒子提點了我:天父的安排，我們未必可以明白，但總會是最好的，且往往有着衪的聖意。

我感謝天父。愛妻住院時，衪賜她內心奇妙的寧靜和平安。她，是安祥微笑着辭世的。

（四）

愛妻知道愚父子辛苦，說很對不起我倆。我說，就怎的辛苦，也不及她的苦，請她不要自責了。況且，她不煙不酒，飲食小心，不幸患上這病，能怪責她什麼呢？我倆必盡全力，衹要留她一天在家裡伴在我的身旁，我就有一天的幸福。怎大的苦，就讓一家人一起承受吧。她聽後便不再作聲了。

其後愛妻入院，已是無可奈何的唯一的選擇。

（五）

十月二十五日中午，愛妻在沉睡中醒了過來。她張開雙眼，神情安泰，唇邊掛着半絲微笑，情深款款的望着我，眼裡有着千言萬語。但因極度虛弱，沒氣力說出來了。我站在病榻旁邊，為使她安心，也強忍淚水，微笑着對她說:

愛妻，你想講的，我一切都明白了。我會好好的照顧尚兒，尚兒也會好好的照顧我，我倆會好好的生活下去，你放心吧。她微笑了。

愛妻，你此生要負的責任都已完成了，是無所虧欠。你為我帶來一個孝順的好兒子，為家務操勞了三十多年，若說虧欠，我沒能給你更多的幸福，倒是我欠你的了。她，又微笑了。

愛妻，你不要擔心尚兒了，他日他總會找得一個成熟賢淑、愛他照顧他的好妻子。她微笑了。

愛妻，你是我此生唯一至愛的女人，也引以為傲。你決不會孤獨，我必永相伴隨。這趟我倆祇是暫別，不是永別，我們在天國必會團聚。愛妻，又微笑了。

愛妻，你一生辛勞，今天，你在世上一切的工作都完結了。既已盡力，那就無所遺憾，亦無所掛牽了。在天國那裡，有疼愛你的爸媽和親友，從此再沒苦痛，有的祇是快樂。你安心的去享福吧。她微笑了。

愛妻，神父(Father Emil Jude)已來為你傅油，天父已赦免你一切的罪，你可安心的往祂那裏了。愛妻，又微笑了。

稍後，尚兒到來，也和她說了很多讓她安心的話。彼此還作了個兒子孩提時母子用眼睛打的「暗號」。愛妻又微笑了。

（六）

當天深夜，愚父子離開醫院時，和她說了晚安。她安然瞌上眼睛，自此就再沒醒過來了。

二十七日晨，太陽還沒升起，愛妻在睡中呼吸突然轉弱，沒多久就安祥地微笑着返天家去了。

據說，能夠走得安心，是人生最大的福氣。

（七）

依愛妻遺願，喪禮一切從簡。不要扶靈，也不要通知太多親友，免人傷心。遺體要火葬，採天主教殯葬儀式。

感謝天父，在祂的帶領和朋友的協助下，於十月三十一日舉行了葬禮，隨即火化，骨灰安放多倫多聖十字(Holy Cross) 墓園。帛金則全數捐獻多倫多天主教中華殉道聖人堂。

（八）

人，果是一無所有的來，也將一無所有的去。除了與天父大愛相應的愛情之外，還能留下些什麼呢？國鍵與愛妻，相信也祇能憑着夫妻無盡之愛，永相携手，共赴永恆。

祇要真愛長在，生命就決不會是一場空。

二零一一年十一月七日悼寫於多倫多如心齋。滿院秋葉，惟天氣如春。悲冷之心，忽生暖意。莫言天道絕情，人間無愛。

# 生命，原是這般的脆弱

（一）

二零一零年，對國鍵這六十一歲的老頭來說，是大半生一個最刻骨銘心的年頭。它盛載了國鍵與妻兒一家外遊的愉悅，同時又刀刻了突而其來愛妻罹患肺癌的惶恐與苦楚。一個月之內，由天上輕雲忽墮入無底深淵，其難受之處，信非經歷者所能知。

（二）

二零一零年春三月，小兒鼻竇炎，發燒了十二天，愚夫婦憂心忡忡，對生命已經有了新的體驗: ——生命不由自己所掌握；名利錢財等身外物，能不更是空虛如幻夢？由於手頭上的工作大致經已完成，國鍵餘生將要做的，該是有益於眾的義務工作了，——例如開個介紹基督福音的書法班之類。

五月，決定暑假一家返香港探望親友，並拜訪香港耳鼻喉專科好朋友黄樹輝醫生，為小兒徵詢一點專業的意見。且可順道前往日本北海道的札幌旅遊，輕鬆一下。

年逾耳順，體力日差，餘目日盲，他日未必再有能力，這趟回港省親會友，恐怕會是最後一次了。

（三）

六月初，愛妻突然咳出了一小口血。往醫院急症室照X光，發現左肺支氣管有點異樣。為安全計，要「CT掃描」。由於住在多倫多，家庭醫生說輪候需時，而我們又誤以為這可能是她四月以來患的感冒未癒，不以為意。遂決定八月中旅遊回來才去掃描。

六月中，兒子往見耳鼻喉專科，證實並無大礙。愚夫婦也鬆了一口氣，安心外遊了。

（四）

感謝天父，炎暑五星期的港日之旅，祂賜給我家三口子這十年來其中一段最愉快的時光。吃喝玩樂，一無掛牽。與年邁的母親及眾姊弟妹四代同堂吃了頓晚飯，拍了首張潘家大大小小的「全家福」，更是稱心滿意。除了在日本札幌八天無比快樂的美食自由行外，國鍵與愛妻，在港天天忙着與眾親戚、舊同學、舊同事聚會，午茶晚讌，同樣是日日歡笑，暢快之極。唯一傷心事，乃離港前夕，老友陳兄賜飯，告知嫂夫人數月前因癌病匆匆離世，愛妻即時灑淚。

（五）

八月中，我家回到多城，愛妻隨即前往掃描。八月十九日星期四黃昏，家庭醫生告知結果，愛妻的肺部，竟發現一個頗大的瘤腫！可真是晴天霹靂，萬料不到！愛妻不煙不酒，樂觀善良，緣何罹此惡疾？即時心如刀割，惶懼之極！

接獲報告當晚，忙電郵香港的鄧悅翹醫生（註一）。翌日早上，鄧醫生的妹妹鄧麗瓊醫生（註二）賢夫婿胸肺科專家王志方醫生親自賜電，建議我們立刻返港診治。下午，即往旅行社購得機票。不三日，愚夫婦又身在香港了。

悅翹和樹輝夫婦堅持要愚夫婦住在他們家裡，方便照顧。事出倉卒，也祇好厚着臉皮答應了。

（六）

在悅翹一家的關愛和王醫生的細心安排下，不一星期而愛妻完成了各種檢驗，證實患的是肺癌。且已擴散，不宜動手術了。這對國鍵的打擊，是有生以來最大的！

（七）

雖是驚惶失措，還得要強忍哀痛，趕緊為愛妻尋求適當的治療。加國空氣清新，化療技術先進，且兒子在多城工作，返回多城接受治療，信是較好的選擇。王醫生把化驗報告電傳給小兒，小兒即送往我家的家庭醫生，請他轉介化療專科。而尚待解決的大問題是：在八月底九月初港加航空交通最是繁忙的時候，如何找得兩個普通機位呢？機會幾乎是零！

（八）

感謝天父，祂從沒離棄過我們。在這絕境之中，祂不但安排篤信基督的四位大醫生照料我倆，代打點一切，還讓我倆好好親自感受了真正基督徒實踐出來的基督大愛。他們的愛心，並沒因為我家信奉天主教而減少分毫，也不會看你是否信教而有所分別。這是十分令人感動和感激的。

（九）

祈禱，是十分有用的。誠心的真基督徒們的代禱，當然會比國鍵這種遇上災難便心存疑惑、信德薄弱的半桶水基督徒更為奏效。奇蹟不一定會出現，但八月三十一日星期二下午，和悅翹相熟的旅行社朋友致電悅翹，謂不知何故，國泰航空九月三日星期五前赴多倫多的班機，竟出奇地出現了两個經濟艙的空位！這確是十分奇妙的事啊！！

國鍵向來身體羸弱，今竟能在短短兩月間往返香港兩次，而在如此重大的精神壓力下，仍能天天陪伴愛妻出出入入，守護在她的身旁，這也是十分感恩的。仁慈的天父，我們都感謝祢！

（十）

九月初返抵多城，我家與癌魔的戰鬥，從此展開。天主教中華殉道聖人堂的鄧神父、李神父、尹神父，都親自為愛妻覆手祈禱。沒两星期，愛妻便給安排往多倫多大學專門研究癌病的瑪加烈醫院，見了醫研兩忙的化療和電療的醫生教授。他們對王醫生工作之專精，印象極深( very impressive )。九月卅日，愛妻吞下了第一粒對抗肺癌的新研藥物Iressa。

從發現瘤腫到獲得藥物治療，僅一個半月而已。若沒有天父的祝佑，又怎得快速順利如此呢？

（十一）

十月剛始，紅楓處處。一家人的心情，卻還在幽黑的谷底。對國鍵而言，此刻一切都失了意義。面對癌病的苦痛和死亡的恐懼，愛妻和國鍵情緒的起伏，不言而喻。還幸我家奉宗基督，信賴耶穌，內心還會有着安靜的時刻。

愛妻與國鍵同齡，白髮卻少之又少。唉，「自古美人如名將，不許人間見白頭」？生命脆弱，殊不永久。天父計劃，誰人能知？祇可順應而已矣。

浮生暫寄，樂少苦多。但求天父，一一垂憐！

二零一零年十月一日眇人潘國鍵寫於多倫多如心齋燈下。夜雨淒清，無月無星。

（註一）鄧悅翹醫生，曾追隨國鍵學習文史及書法。黃樹輝醫生是她的夫婿。鄧醫生畢業香港大學醫學院，在香港東區尤德夫人那打素醫院婦產科行醫二十多年之久，是資深的婦產科專家。今年九月，轉為私人執業。

（註二）鄧麗瓊醫生，亦國鍵學生。王志方醫生是她的夫婿。她畢業香港大學牙醫學院，曾任教港大。後轉為私人執業，專注於小兒牙科。暇時熱衷寫作，著有《舐犢情》，故事真實而感人。

## 清明節彌撒感恩，聖家陵愛妻長歌

（一）

去年十月杪愛妻走後，愚父子每周都往天主教聖十字墓園（the Holy Cross Cemetery）她骨灰安棲的墓陵探望她。

精神上，我家仍舊「三位一體」，永不分離。

（二）

今年四月四日清明節，四月八日復活節，日子極之接近。復活節翌日，往見愛妻，墓陵門前貼了通告:四月十四日，多倫多天主教四大華人教區在墓園的聖家陵（the Holy Family Mausoleum）一同舉行清明節感恩彌撒，追思先人。彌撒由麥家屯主教（Bishop William McGrattan）主持，眾華人神父共祭。

正要找尋聖家陵何在，豈知抬頭一看，赫然發現，刻着的英文陵名，竟就是聖家陵！實在太好了！

憶去年十月中愛妻入院時，國鍵倉皇為愛妻覓購骨灰龕位。當日精神恍惚，心亂如麻。匆匆半日之間，竟能為愛妻和自己身後覓得如此佳所，可真要感謝天父對我家的憐憫了！

聖家陵乃拜祭天主之處，聖潔非常。無怪每次入內，總覺有着一種難以言傳的極其奇妙的莊嚴和寧謐。也實實在在的讓亡靈主懷安息（Rest in peace），無盡安樂。

（三）

感恩彌撒於下午二時舉行，華人參加甚眾。福音讀後，麥主教講道。他認為，中國清明節和基督教的復活節，在日子上奇妙地十分接近，說明了中國人的祖先們，甚有智慧:他們預知了復活節的來臨和意義。故此，我們在清明節追思祖先之時，亦應多點思考基督受難、死而復活的含義，好好的帶領年青一代，認識天主。

（四）

主教說得好。國鍵認識的教義，復活節之所以至為重要，乃因耶穌基督以其聖死及復活，具體證明了人確可戰勝死亡，奔向永生:與基督受難同死，與基督復活同生。所以，死亡衹是一道通往永生的門檻，它絕不代表生命的終結和毀滅。死而復活，是基督教信仰的其中一個核心和重要標記。

（五）

清明節和復活節，在先死而後長生的意義上，竟又是如此奇妙地不謀而合。吾中華民族的祖先們確甚具智慧。華人早就相信，人死絕非灰飛煙滅，而祇是以另一形式—「在天之靈」，在別一空間繼續生活。此靈此活是否即聖教之靈魂永生，國鍵不敢說。惟可肯定者，此「在天之靈」絕無神明之意，也與天地之主宰和萬物之創造者，毫不相涉。故此，清明時節人們祇會是「祭祖」，慎終追遠；而不會是「拜神」，求那長命百歲、國泰民安。孝子賢孫，頂多也不過期望先人發點善心託個夢，賜個發財又或趨吉避凶的妙方，如此而已。

（六）

歿者已逝，靈魂永存。中國幾千年祭祖文化，祭的正是這死後猶在的「在天之靈」。因此之故，吾族相信，在世之人為亡者做善事，其功德亦必歸諸亡靈。此與吾聖教之鼓勵為亡者多做善功，助亡者早登天國，實亦同出一理也。

所以，內子舉殯，眾親友因之各自向聖堂或慈善機構捐款行善；而小兒的同事們，也特地集體向加拿大防癌協會（The Canadian Cancer Society）捐錢，愚父子是十分感激的。這比在她靈前獻一束鮮花，燒一炷清香，來得更有意義。內子在天之靈，想必笑着道謝了。

（七）

天恩奇妙。沒料到愛妻走後快將半年的清明節復活節聖周，愚父子竟可以坐在她的身旁，一起望彌撒，一同向天主感恩！

彌撒唱《奇妙救恩》，愚父子忍不住又淚盈於睫。愛妻，在天父的庇祐下，你就安安樂樂地歇息吧。

二零一二年四月十七日潘國鍵寫於多倫多如心齋。天陰雲霾，細雨紛紛。

# 愛妻辭世三周年懷念: 臨池抄詩並序

## 自序: 花落人去情與境

(一)

花開花落, 四時有序。天道如此, 未必能盡悉其因。是以生死之由, 不思為妙。正是:「乾坤無厚薄, 草木自榮衰。 欲問因何事, 春風亦不知。」(白居易《薔薇花一叢獨死不知其故因有是篇》)( 作品一) 強而思之, 無乃自討苦吃。

(二)

然而, 人總好思, 凡事究柢。花木因何而生? 何事而萎? 總該有個道理吧。於是乎, 其說理者曰:「落紅不是無情物, 化作春泥更護花。」(龔自珍《己亥雜詩》)(作品二) 點出了一個情字。花落因情, 人死為愛。生命殞落, 本具育後之義。重情若我, 能不叫好?

(三)

惟是, 人一涉情愛, 悲喜便生。對於生死, 人與花就因而態度不同。近重拾唐詩, 詩人早說: 「樹有百年花, 人無一定顏。花送人老盡, 人悲花自閒。」(孟郊《雜怨》三首) 對呀, 人非草木, 見所愛老病苦, 你能「自閒」麽?

(四)

我生有情, 自易為情所惱。「花非花, 霧非霧, 夜半來, 天明去」(白居易《花非花》) 的道理, 不難明白。可到了切身, 雖曰「往事那堪憶」(温庭筠《菩薩蠻》), 然思來想去, 結果仍將會是:「還似去年惆悵!」(温庭筠《更漏子》)

(五)

《紅樓夢》裡, 「閑花落地聽無聲」(句出劉長卿《別嚴士元》)(作品三), 是物理; 黛玉葬花, 是人情。是以情之與否, 不在於花, 而在乎人也。花草呢, 什麽「無情最是臺城柳」(韋莊《金陵圖》), 全乃詩人自說自話。實則人之賞花, 情亦隨齡而異: 「努力少年求好官, 好花須是少年看。君看老大逢花樹, 未折一枝心已闌」(元稹《看花》)(作品四)。喂, 年紀都老大啦, 還去折什麽花, 搞什麽情來?

臨老入花叢, 攞苦來辛。於國鍵而言, 天長地久, 花仍以舊折的最好。衹歎「傍人不解尋根本, 卻道新花勝舊花」耳(韓愈遊城南十六首《楸樹》二首之二)( 作品五)。

(六)

因此, 年老觀花不在花, 而在於心境。心境若晴, 何須新花才是好? 唐人寫「池上海棠梨, 雨晴紅滿枝」(温庭筠《菩薩蠻》)(作品六)、「朵朵精神葉葉柔, 雨晴香拂醉人頭」(杜牧《薔薇花》)( 作品七), 不都貴乎「雨晴」的這個「晴」字麽?

生老病死, 淒風苦雨。風雨過後, 自見天晴。 若得此念, 則我生之一切苦難, 或可安然了。因為, 人世緣盡, 可續天鄉。途窮命絕, 老天爺總會給你開一扇活窗的: 「行到水窮處, 坐看雲起時。」(王維《終南別業》)( 作品八)

「柳暗花明又一村」(陸游《遊山西村》)。

(七)

若問晴境景如何, 可真又是「溪花與禪意, 相對亦忘言」(劉長卿《尋南溪常道士》)( 作品九) 了。此既非語言所能描述, 恐怕亦衹能— 「笑而不答心自閒」(李白《山中問答》) (作品十) 而已。

「 桃花流水窅然去, 別有天地非人間!」(仝上)

(八)

人世之外, 別有新天地。若有是信, 又豈會終日哀歎於「多情卻是總無情, 惟覺樽前笑不成」(杜牧《贈別二首》(之二)) ? 這不是說紅塵情愛皆虛幻, 而是苦盡悟來天恩妙: 勿戀人間歡樂, 但寄世外清福。此正唐人老調也。可歎是:「古調雖自愛, 今人多不彈。」(劉長卿《聽琴》)( 作品十一)唉!

(九)

天意難測難違, 人事未必知果知因。 年趨七十, 餘日彌珍。盡己之後, 但存信念; 寡欲少求, 一切從心可也。

嘻嘻,「飄飄何所似, 天地一沙鷗!」(杜甫《旅夜書懷》) ( 作品十二)

二零一四年九月中秋後眇人潘國鍵稿於多倫多如心齋。書法皆六月白內障手術前所作。十月插圖, 修訂畢功。 愛妻歸天,不覺三年矣,無日不思念焉。作品圖片另見他頁。

作品一

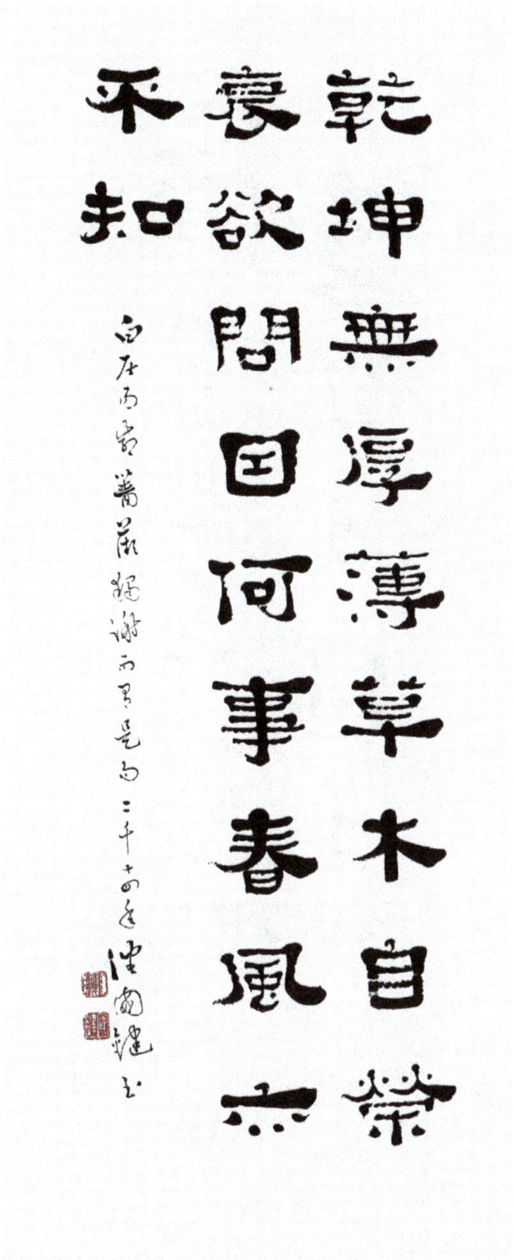


白居易《薔薇花一叢獨死不知其故因有是篇》

## 作品二

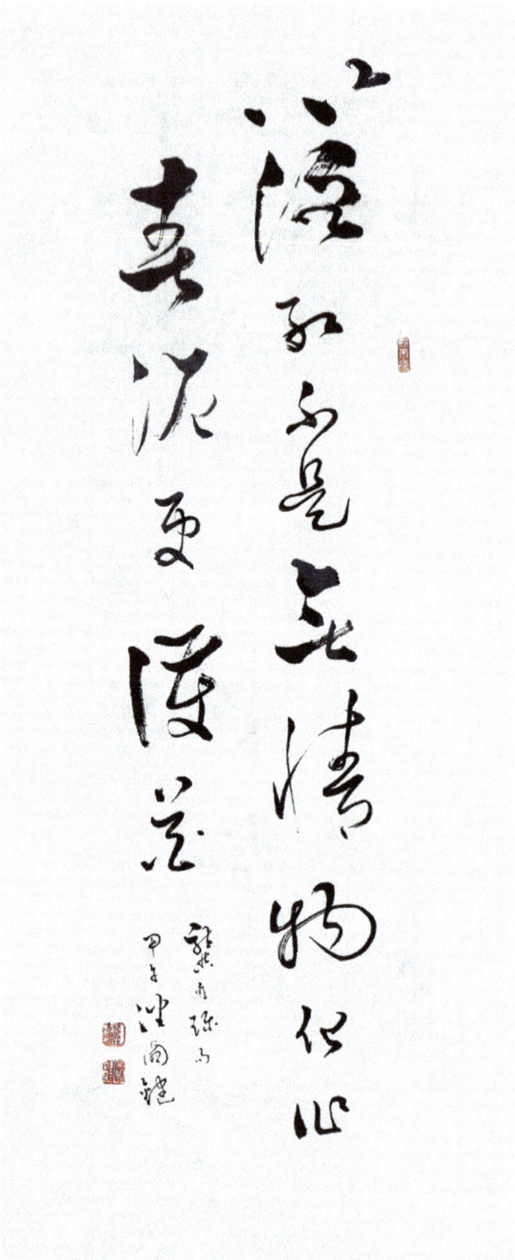

龔自珍《己亥雜詩》

作品三

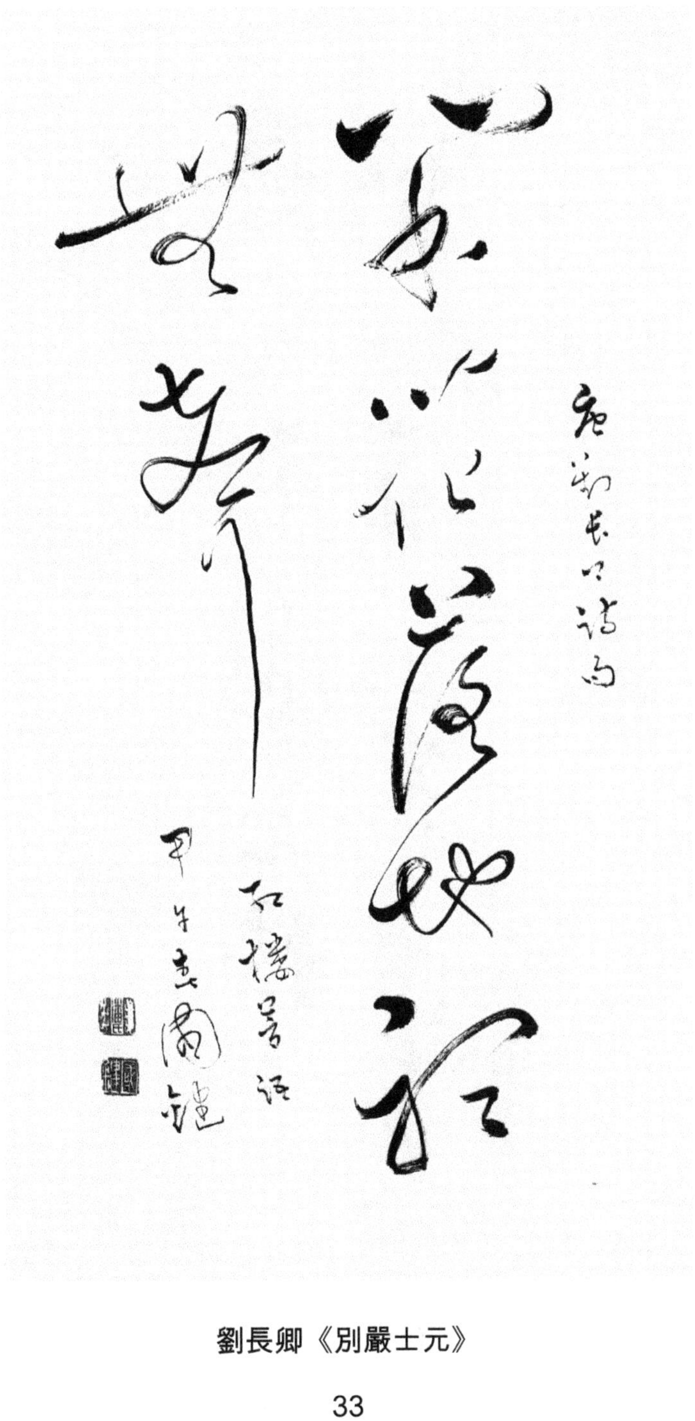

劉長卿《別嚴士元》

## 作品四

元稹《看花》

作品五

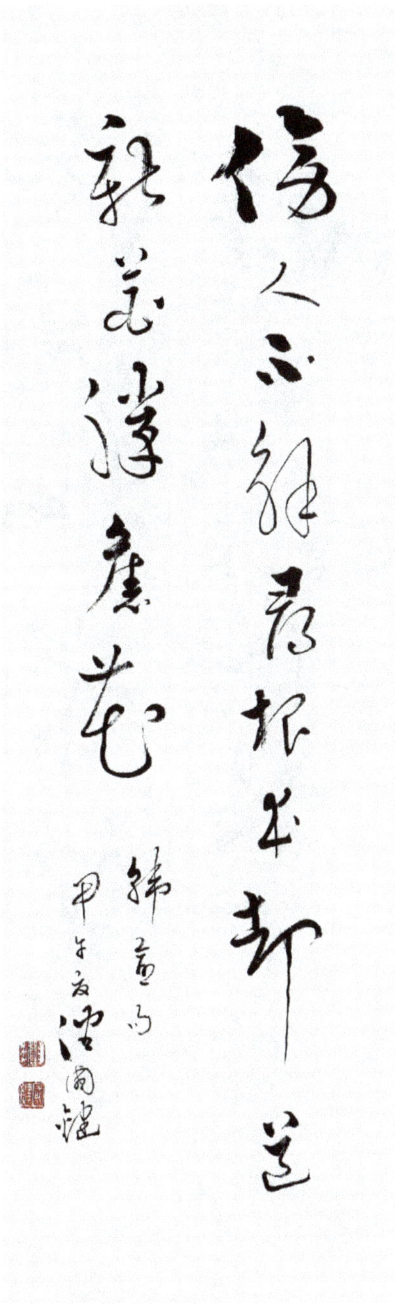

韓愈《楸樹》

## 作品六

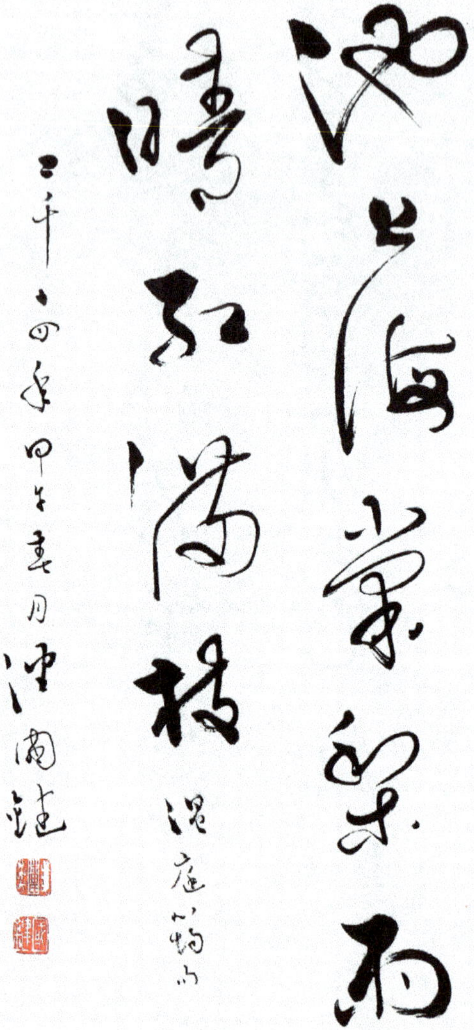

温庭筠《菩薩蠻》

作品七

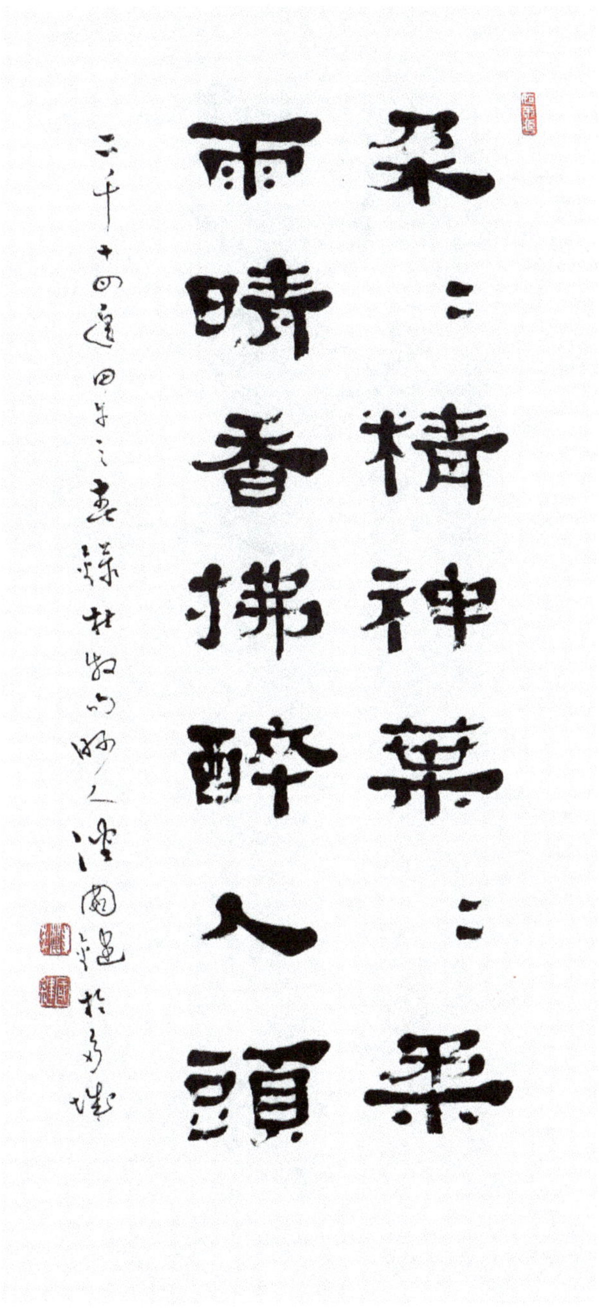


杜牧《薔薇花》

## 作品八

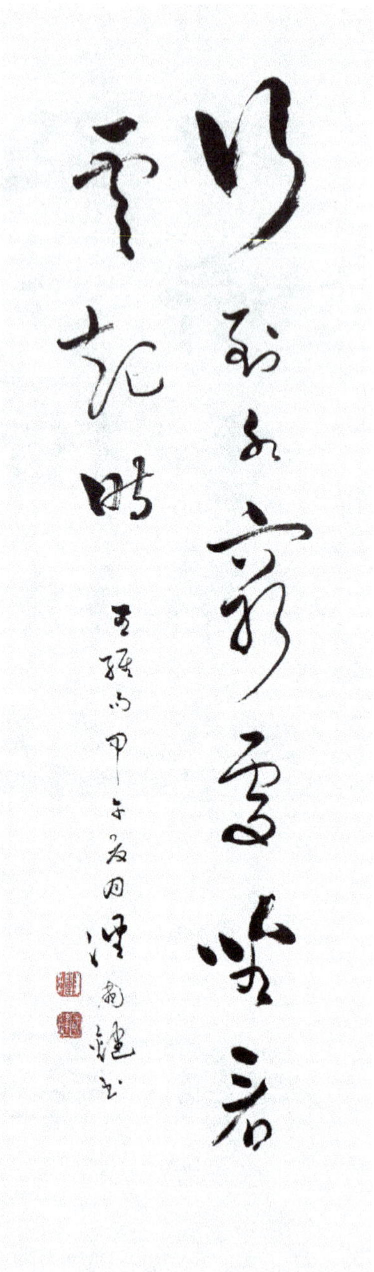

王維《終南別業》

作品九

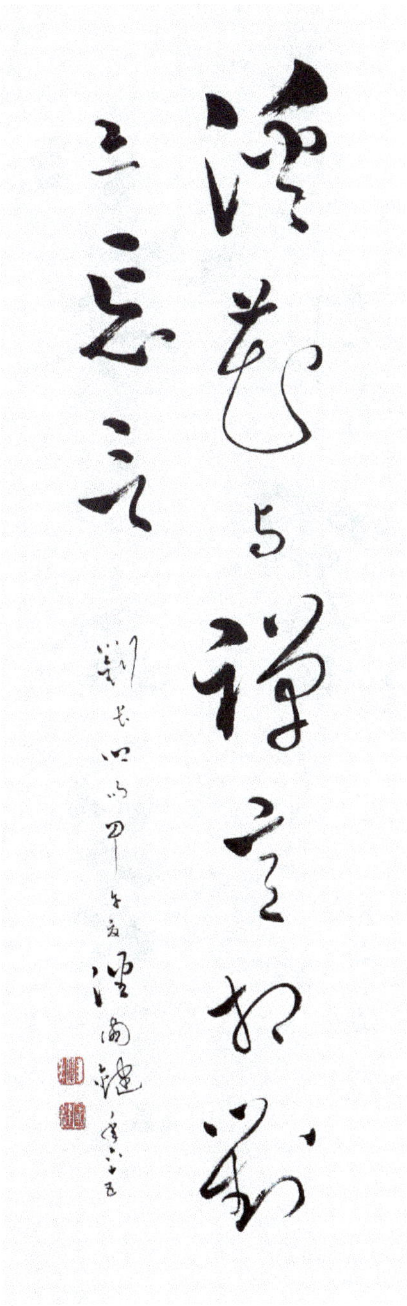

劉長卿《尋南溪常道士》

## 作品十

李白《山中問答》

## 作品十一

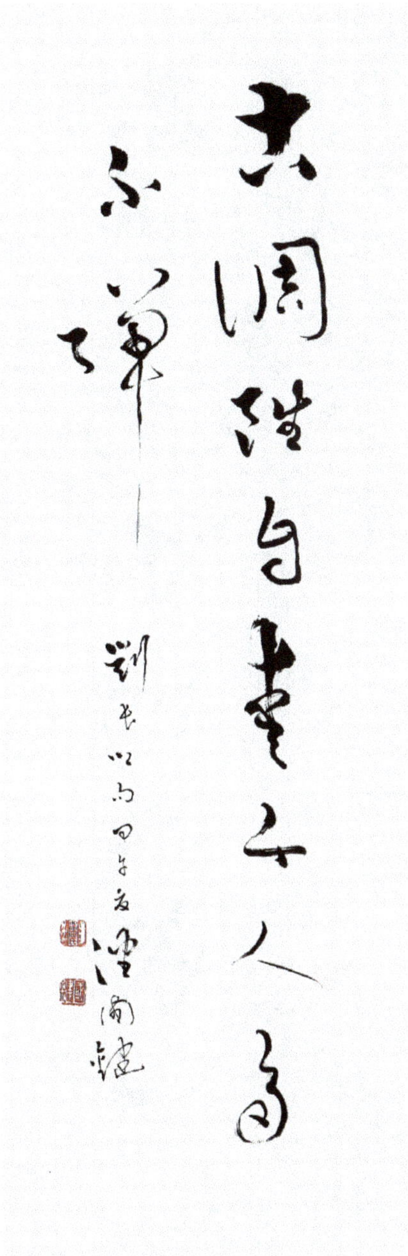

劉長卿《聽琴》

作品十二

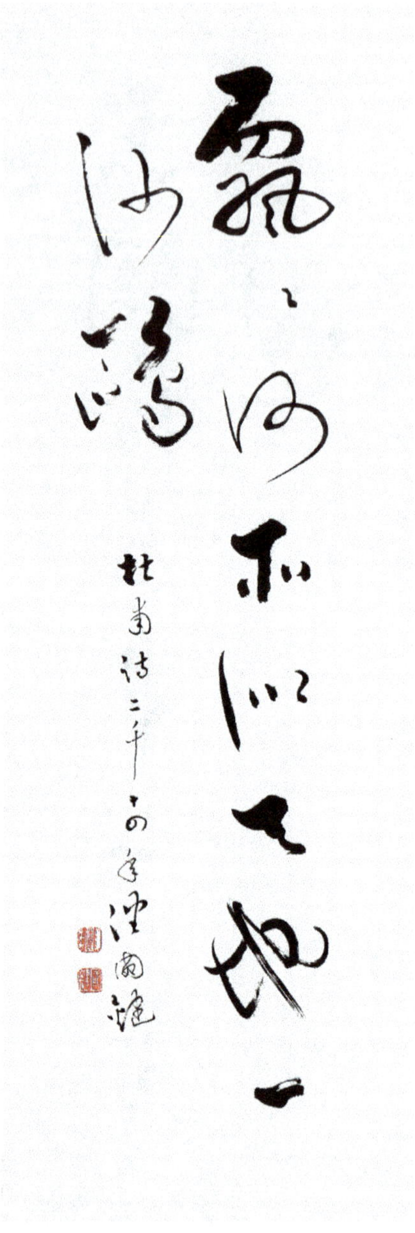

杜甫《旅夜書懷》

# II. 宗教篇

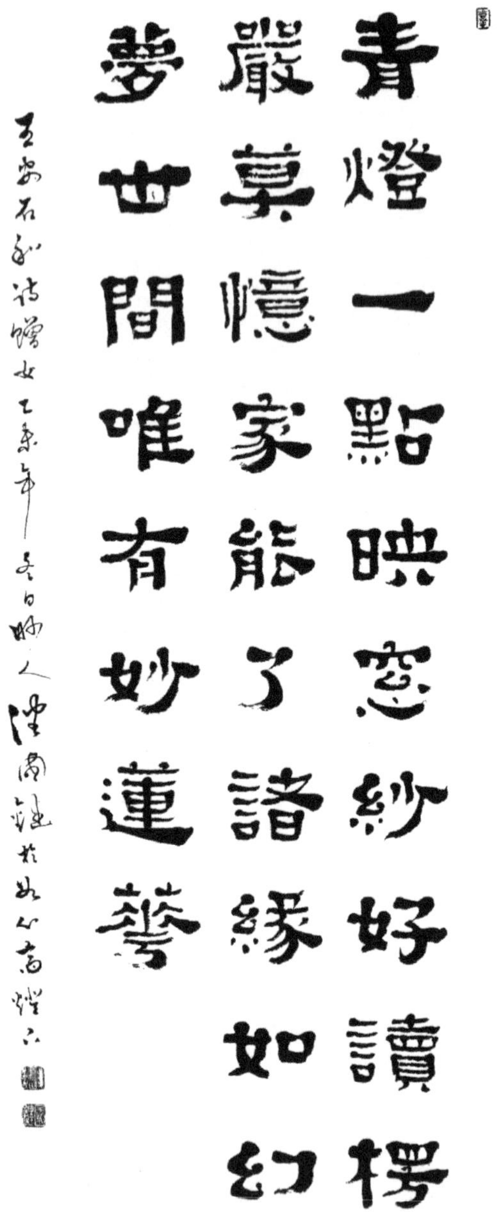
青燈一點映窗紗好讀楞
嚴莫憶家能了諸緣如幻
夢世間唯有妙蓮華

潘國鍵隸書王安石和詩贈女
水墨紙本 113x47cm 2015年乙未

# 敬致田英傑神父(Fr. Sergio Ticozzi)兩函及田神父兩覆函節錄

（一）

田英傑神父（ Fr. Sergio Ticozzi ），乃香港聖神修院培育團的神師和導師、聖神研究中心的研究員，是研究天主教在華傳教史的知名的教會歷史學者。國鍵與田神父雖素未謀面，然而，感謝天主奇妙的安排，蒙神父不棄，經常為國鍵父子微不足道的有關天主教在華歷史的撮述和英文翻譯，提供寶貴的意見。田神父的胸襟和學養，是十分令人敬佩的。

國鍵拙作《寫在信仰荊途上》上載國鍵網頁時，亦曾兩次呈函田神父，請求指導，免得國鍵自以為是，誤了蒼生。區區劣作，竟蒙神父閱後並賜回音，如此殊遇，能不深感天主之垂顧？雖屬私函，惟念田神父之意見，對教會內外朋友正確認識天主教義大有幫助，亦足提示國鍵一書嚴重之缺漏。若然公諸於世，於福傳未嘗不是功德。

佛家弟子修行，頗重視「善知識」（夫善知識也者，乃說正法，導人為善之賢者也）之相扶持。基督徒的靈修，相信亦賴有德行和對教義有確切認識的善良牧者和主內弟兄姊妹同行。孤身上路，容易跌倒。在這方面來說，天主教較之佛教和基督新教，相對遜色。今田神父百忙中仍願意扶我一把，國鍵能不再謝神恩？

經請示田神父後，謹將國鍵敬致田神父两書函及田神父所覆两大函節錄，依次錄之如下。

（二）

二零零九年九月卄三日國鍵致田神父函:

「敬愛的田神父英傑前輩:

你好。且恕國鍵這趟用中文寫信給你，因為這較能表達我蒙昧的想法。

國鍵老同學黃浩潮先生，去年與丁新豹博士等人合編《香港歷史散步》（香港商務，2008），有關天主教的部份，參考了神父在八三年出版的大作《香港天主教掌故》（游麗清譯）。真的感謝天主和聖神的帶領。今天，雖然我倆素未謀面，但是，也請神父看在天主的份上，在靈修上帶領國鍵。

拙書《寫在信仰荊途上》，文字漏誤不少。特呈附「漏誤補正」，敬希指導，並恕我罪。

書中有關同性戀一節，討論的僅是對待同性戀者的態度和方法。絕非為同性戀者說項，更非認為同性戀合乎社會倫常道德。

至於書中所論教會用以禮敬聖母的某些尊銜，討論的也僅是個詞彙上是否得當的問題，絕非懷疑教義裡面聖母獨特而尊崇的地位，又或質疑聖母是否天主子耶穌的母親。童貞女瑪利亞生耶穌基督，與耶穌有着獨特的血肉關係，這教義是無可置疑的。瑪利亞無染原罪，是聖教會的慈母，她死後靈魂與肉身榮升天國，國鍵亦一向堅信之為絕無謬誤之聖傳。因此，教友對「天主之母」和「聖母中保」等宗教性詞彙的置疑，絕不應轉移作為否定聖母、否定聖子、否定聖經的問題來看待，甚或妄加個「異端」的罪名，圖塞眾口。國鍵相信，這不會是解決問題的積極態度。

感謝天主，剛有機會看了二零零一年天主教香港教區視聽中心製作的節目「只准錄影」。在第四集「異端與正統」的討論裡面，陳日君樞機指出，「異端」一詞，希臘文原字意乃「選擇」（choice）。我們信奉天主教，對教理（聖經和聖傳）要全盤信受。教友若作選擇式接受，便是「異端」了，是應該離開教會的。後果不謂不嚴重。然而，以中文「異端」來對譯希臘語「選擇」（choice），顯然殊不恰當。《論語•為政》:「攻乎異端，斯害也已。」異端指的是違反聖人之道，為害至大。在中國文化上，這顯然是一個極具道德判斷的富有攻擊性的貶詞，較諸「選擇」嚴厲萬倍。然則對使用「天主之母」或「聖母中保」等詞抱有懷疑，那就已經是「異端」了？那就應該離開教會了？

也許是由於這種顧慮，節目中有教友陳弟兄，提出他對教理「天主之母」一詞甚有保留，哪該怎麼辦？要否在信仰上另找出路？聽了令人傷感之甚。陳樞機答道，「天主之母」道理顯淺，因為聖母是耶穌的母親。陳弟兄衹要去再讀慕道班，便自明白。

唉，聖母是耶穌的母親，耶穌是天主，故此尊聖母為「天主之母」，耳熟能詳，幾乎是國鍵相識的華人神父們和慕道班導師們唯一的「標準答案」。陳弟兄若真重讀慕道班，未必能有新啟發。

大家似乎還未理解問題之所在。中文「天主之母」一詞，並不是一個教義上的問題，而是個詞意上足以令人們產生不必要的誤解和困擾的文字上的問題。

須知中文「母」這一個字，除了「母親」之義外，更有着「所自生者」和「根本」的意思。佛家謂「信乃道源功德母」。道家的《道德經》第一章，開宗明義:「无名，天地始;有名，萬物母。」无名，是天地的原始;有名，是萬物的根本。又第五十二章:「天下有始，以為天下母。」意思是，能夠認識萬物的根本（母），就能認識萬物（子）。其中這個母字，都是「根本」的意思。

所以「天主之母」一詞，無論教外教內，都很容易令人產生聖母是天主的根本，是天主「所自生者」的感覺。於是乎誤以聖母為因，天主又或聖子耶穌為果。沒有聖母，就沒有聖子耶穌了。殊不知天主的根本和所自生者，都是無始無終的天主自己。若以因果言之，乃聖子為救世而降生是其因，因之而成就聖母及其聖德為其果。此與「天主之母」一詞所傳遞的因果關係，恰恰相反。「天主之母」一詞的語言缺陷，作為熱愛天主和天主教教會的天主教徒，又怎可視而不見、裝聾扮啞的呢？

節目結束前，陳樞機突然說了一句:沒有人說天主之母是天主性之母。說得很好。這也是大家都清楚明白和信奉的。然而，在詞語運用上，「天主」一詞，可以不包含「天主性」的麼？

宗教語言及其譯詞，極須嚴謹。佛家深懂此道。特殊詞語，若無法如實對譯，何妨音譯？是以Prajna不勉強譯作智慧，而音譯之為「般若」；Nibbana不對譯作圓寂滅度，而音譯作「涅槃」; Samana不硬譯作出家修道者，而音譯作「沙門」，等等。凡此皆致力於免除人們不必要之誤解而離正道，可謂功德無量也。

吾聖教Theotokos之中譯，華人教區可會再加考慮麼？耑此 敬祝

教安。

主祐。

教末潘國鍵謹上

二零零九年九月廿三日」

（三）

二零零九年九月廿五日田神父覆函:

「Dear Mr. K.K. Poon,

………. Here few simple comments, as you required:

I enjoyed reading about the difficulties you have met in living your faith, since it is also my own personal experience and the common experience of many Christian believers.

I also appreciate very much your efforts to root your faith in the

Chinese culture and make use of the Chinese traditional values, coming from Confucianism, Taoism and Buddhism, to enrich your Christian faith. This, you have done especially for moral values, on the ethical level of our life, and this is quite positive and useful.

But, at times, in this complimentary efforts, I did not perceive the full awareness of the specificity of our Christian faith, and therefore the basic difference between the Christian faith and the Chinese traditional religious doctrines.

Christian faith is not, first of all, 'ethics', but the relationship of communion offered to us by Jesus Christ, the God Incarnate, the Second Person of the Holy Trinity who has become man. Christ's presence and grace helps us to perform 'the works that He has done" (Jn 14:12), namely our moral duties based on love, but, without Him, we "can do nothing" (Jn 15:5).

The other Religions propose a meaningful human wisdom and ethical principles, but based only on human efforts, and not on Christ's communion and grace.

The 'personal' relationship with Christ implies the concept and experience of 'Person". The rightunderstanding of the theological concept of 'Person", (which is a specific concept of the Christian faith.) will help you to see the reasons why the Church believes in the Holy Trinity, Three Persons in One Unique God, and why the Council of Ephesus defined Mary 'Theotokos ', Bearer or Mother of God, Mother of the Person of Jesus, who was One Person in Two Natures, divine and human.

I would invite you to research on the concept of 'Person' in the Catholic theology (the difference between "personal" and individual", etc.), which until now, in my humble judgment, has not been properly translated and explained in Chinese language...

About the phrase "Mother of God", and any other phrases even in colloquial language, we have to distinguish between 'words' and their 'meaning': obviously every word should be explained in their right meaning: by 'God', here we mean the Second Person of the Trinity, who has taken up human nature, Jesus Christ. By 'Mother', is meant not the universal Origin, but just the woman who gives human life... Different formulas can be used, but they require the right explanation of terms. Many times, a term can have different meanings, so we have to specify the proper meaning we make use of.

About homosexual marriages, atheism… we have to distinguish, as you properly do, between what we call 'sin' and 'sinner': we have to always reject 'sin', but to treat 'sinner' always with charity and understanding. However, at times, we have to face a practical challenge: when 'sinners' intentionally harm people, people have the right to defend themselves…

About the danger of idol worshiping and superstition in and out of the Church, I agree with you: we have to avoid it in any way and help other people to live our faith in the proper way. They are psychological attitudes, which require efforts for a better and proper religious education.

……….

My kindest regards and best wishes.

Let us keep united in the Lord and in mutual prayer.

Fr. Sergio Ticozzi

PS………. 」

（四）

二零零九年九月廿九日國鍵覆田神父函:

「Dear Fr. Ticozzi,

……….

I fully agree with you that " we have to distinguish between 'words' and their 'meaning'". I do not have any problem understanding and accept that Mary was the Mother of Jesus Christ who was One Person in Two Natures, divine and human. For me, the problem is only on the colloquial interpretation of the term "Mother of God" itself, not on the real meaning that has been carefully defined by our Church. I also fully agree with you that we should have " the right explanation of terms " and "many times, a term can have different meanings, so we have to specify their proper meaning we make use of". That is why I have often reminded myself that "Mother of God" is never the Mother of Holy Trinity.

And that is why I have raised some concerns of whether or not it is still appropriate for us to use this term today in our everyday language, as the term is often quite easily misunderstood in the general public. I believe that such misinterpretation is due to the phrase "Mother of God" does not itself excludes the possibility that the woman also begotten (not necessary limited to human form) to the Second Person(Son) of the Holy Trinity, namely our God.

The concept of Person (位格) is really a very complicated issue, both theological and philosophical. I must confess that I know almost nothing about it. Many thanks to you for encouraging me to do some research on this topic, though it may be far beyond my cognitive ability. I will try my very best.......... Hope that my homework may help me to find that the term "Mother of God" is entirely valid and my concerns are unnecessary. Father, please guide me and pray for me.

..........

Best regards and united in Him,

KK Poon」

（五）

二零零九年十月三日田神父覆函:

「Dear Mr Kwok Kin Poon,

Many thanks for your answer.

I appreciate your observations: continue to explain the meaning of words to yourself and to friends, when dealing with some doctrinal formulas of our faith. And at the same time, try your best to deepen and help other people in understanding our faith in ways more suitable to Chinese language and culture.

I know that some points, like the concept of 'Person' I have proposed you, are not easy to investigate, but try your best, not only reading and reflecting, but also in your dialogue of prayer with our Lord, since the concept of Person was made use of by the Church Fathers to clarify the relationship of Jesus with the Father and the Holy Spirit: Three Persons sharing the Unique Divinity, Three Personal Relationships, among Themselves and with us, with every human being.

..........

Kindest regards and best wishes.

Let us keep united in the Lord and in mutual prayer.

Fr. Sergio 」

二零零九年秋十月潘國鍵錄於多倫多市如心齋。

# 有關天主教的幾個問題：敬答何汝洛老兄及無神論者

（一）

吾青中老同學何汝洛大兄，於二零零九年十一月一日，在他的網誌提出了一個有神無神的問題，很值得人們思考。何老兄桃李滿門，學問人品，人所敬仰。其申張正義，為維護貧苦學生利益而奮鬥不懈，讓人看見了基督的光輝。國鍵作為半桶水天主教徒，敢在此對網誌所載無神論者的疑問，胡扯幾點卑微的意見。冀或稍解何老兄的困擾。

（二）

有神無神，世間既無具體的方法來驗證，倒無謂花太多精神來糾纏。祇要大家承認，人之所以為人，因為有個良心便是。夫良心也者，天主教稱之靈魂是也。

（三）

對佛學修養甚深的潘宗光教授，數年前在多倫多的弘法講座中，指出人若不信佛理，死後才知果有六道輪迴且不幸墮入畜牲又或餓鬼道，然後悔之，豈不太遲？套用此說，則世間若是無神，信神於我死後夫又何損？若真有神而不信，死而見之，豈不更加「大劑」？

（四）

信神而沒了良心（靈魂），不信神而行善積德，國鍵相信，後者登天堂的機會遠較前者大。其實，祇要是人，哪怕是教宗、聖人，都生而有着上天堂墮地獄的資格。而決定之權，全操天主（上帝）之手。基督徒若誇說自己必登天堂，他人必墮地獄云云，全屬作為人而妄想行使天主權力，是原罪作祟而發的亂語胡言。就封了聖的聖女貞德，誰敢絕對保證她現在一定是在天堂了？

## （五）

天主教教會是神（耶穌基督）和人（宗徒和教徒）結合的團體。她以基督（神）為頭首，以人（教宗主教神父修女教友等）為肢體。因此，她既有神的一面，亦同時有著人的一面。既有人的一面，自然免不了在原罪「私欲偏情」之下，為權力私利而顛三倒四，傷害基督。正因如此，教會亟需在聖神（聖靈）的光照和帶領之下，不斷作出反省。教宗本篤十六世近年提出尊重理性，顯然是教會的一種進步。一個頑固而不知反省的團體，其結局恐怕衹能一個，叫做——墮落。

然而，教會在中古時期就如何墮落，就如何的反知違仁，都不足以證明神的存在乃係妄作。

## （六）

發動宗教戰爭的是人，不是神。有人說，基督徒殺人是為了保護天主，可真的可憐復可笑。天主萬能，又何需教徒以武力來保護？天主子耶穌基督，可曾要求人們以武力來保護他的麼？當日猶達斯（猶大）帶同手執刀劍棍棒的群眾前來拘捕耶穌之時，有人為了保護耶穌，拔劍砍人，耶穌還不是即時制止，兼且教訓了他嗎？(瑪26:47-54) 故此，歷史上所有為權力財寶而舉起宗教旗幟去幹殺人的勾當，全都是打着紅旗反紅旗，是高舉十架反基督。無神論者質疑貞德作戰殺人，犯了十誡，並非全無道理。

惟須注意的是，基督徒的惡行，並不足以拿來否定美善天主的存在。因為，世間人為的災難，大多出自人們的選擇，不出自神的安排。一念而為天主，一念而為魔鬼。把「九一一」的人禍都算往神的頭上，說成是神的安排，這是人犯罪之後在卸責。

無神論者所非議的「神安排一切」，這個「一切」，極須小心介定。它並不包括人們自由選擇下行惡犯罪。生命和壽命是神的安排，但，生活的態度和方式，卻全是你自己個人的選取和安排，與神何干？有學生打架，總不能說這是神安排他們打架的吧。

「一切美麗光明物，都是天父造成。」所謂安排一切，指的當然也衹是美麗光明物而已。

（七）

至於聖女貞德上戰場殺人，如若出諸自衛，這算不算是惡行，大家似乎也該先探究一下。否則保家衛國的民族大英雄如岳飛，身後豈不必與天堂無緣了？

持鎗狂徒突向人群亂鎗掃射。你不殺他，成千上百的無辜者必將被殺。你可以因為十誡不許殺人，就由他繼續殺下去麼？警察一鎗把他擊斃，這就是犯了十誡，要下地獄了麼？

給僵化了的思想和教條，總會為害人間。忠誠是好，僵化而成了愚忠若維園阿伯，就難免令人歎息。所以，何老兄忠誠於良知而不愚忠於不仁，才是今日學子們難得的典範。

故此，犯誡與否，不全在乎殺，尚在乎殺之存心。

（八）

戰亂的製造者是人，不是神。它並不出於偶然，亦非出於必然，而是出於人性原罪下人自己的選擇。龍應台女士所言的國家機器和軍隊機器，全都是人製造的東西。由之而產生的「隱忍不言的痛」，在人類歷史上，恐怕已是常態，又豈止那令人哀痛的「一九四九」？幾千年的中國歷史，因避亂遷徙而妻離子散的血淚故事，就五胡亂華魏晉南北朝大分裂的那幾百年，已經是罄竹難書了。

誰之錯？龍女士看來很聰明，她刻意迴避了戰禍之中誰侵畧誰被侵畧、誰正義誰不正義的問題。事實這類對錯的問題，從來就祇會是各說各話。惟雖如此，歷史記述若少了一份孔老夫子「賢賢賤不肖」的春秋情懷，眼淚過後，其帶動讀者作深層反省的價值，相當有限。所以，慈悲可敬的 Mariana Ho 女士月前因龍書而提出緣何戰爭等問題，反覺更具意義。問題當然難答。愚見認為，人們若往自己靈魂最幽深之處，看看有沒有一股陰森的戾氣，有沒有一絲自尊自大的傲慢（例如作為教育機構，向教師發警告信時，竟可直書教師姓名而不具先生或老師稱謂以示基本禮貌之類，等等），也許能弄出一點頭緒來。

（九）

應否用安全套來防範愛滋，在天主教教會內，其實爭議也甚大。教會的態度似乎是:潔身自愛和節制性慾，比諸使用安全套，更能壓止人欲橫流下各種性病的蔓延。安全套未必絕對安全。愛滋的帶菌者若真愛他的愛侶，應懂得這道理吧。當然，在節無可節的時候用了個安全套，相信也不算是犯了離經叛道的大罪。天主教徒全都絕不使用安全套的？倒又未必。須知教徒也不過是罪人一個。成聖？唉，長路漫漫呢！

（十）

教友可以離開教區，請不要離開天主;人可以丟掉貧賤，請不要丟掉良知;無神論可以無神，請不要無良。

何老兄活出良知，心安理得。但願他明夏退休歸田，天水圍的煩惱從此了斷。在筲箕灣安享落日霞暉、潔月星光之時，或如國鍵一樣，覺天地之悠悠，感造物之偉大。暗笑前塵惱事，全不過是，——渺滄海之一粟。

二零零九年十一月眇人潘國鍵寫於多倫多如心齋寓。

# 徐錦堯神父之言，差矣

拜讀三月廿二日徐錦堯神父對孫婧「關於日本地震的一些看法」的《反思》大文，不免感慨:際此日本民族面對災難橫降苦痛莫名之緊急關頭，作為心存天主大愛的天主教徒，應該多些為日本人禱告，安慰不幸，盡快施以援手，拯救人命；抑還是亟亟於翻算舊賬，甚或有意無意地在民族仇恨上添柴加火？這算是神父自稱的「良心」麼？是「梵二與福音」的精神麼？天主愛了吾中華民族，難道就不愛日本民族了麼？唉！

天主經:...求祢寬恕（免）我們的罪過（債），如同我們寬恕別人一樣...。

日本大地震後，中國政府迅即派遣救援隊伍前赴日本，並空運大量救濟物品，這是很值得我們讚賞的。

月來聽了徐神父網上的慕道班講課錄音，徐神父對於某些教理，頗是通透，令人印象深刻。惟其中「我我我」的色彩，卻又相當濃厚。而某些思考方式，聽來也甚有「香港民建聯」的感覺。例如神父經常指出歐美大國其實也是沒有民權、自由、民主，故而歐美之切望中國有之，那就是「民權霸」「民主霸」了。這種想法在華人社會相當普遍，也大有市場。問題是，就徐神父對歐美的所謂觀察算是正確（其實未必），其結論亦甚令人困惑。因為，此種推論方式若然成理，則今日歐美無神論甚或反天主教者極眾，那麼，中國政府堅持無神論和中國人之排拒天主教，又有何不妥？教會刻意向中國福傳，祈待中國人皈依天主，豈不也成了「天主霸」麼？

徐神父經常以歐美之不是，來說明中國之不是，乃小巫之見大巫，有意無意地為中國之不善，撐腰減罪。看似有理，實則詭辯。情如中國殺人犯之振振有詞曰:歐美殺人者比比是，殺人狂一殺且十數之眾，我今不過殺一人耳，何有問題哉！

至若徐神父以自己和個別宣教士在中國得到禮待為證，即結語謂中國今天有了宗教自由。其粗疏輕率，同亦讓人驚訝。然則美國數年前有了位黑人國務卿，今天黑人且登上了總統寶座，便足證明美國歧視黑人的問題已經解決了麼？事實是，美國國內歧視黑人的問題，今天還是十分嚴重哩！

又徐神父網上慕道班錄音第三十二課，神父謂中國毒奶粉事件的禍害，遠比美國金融風暴的小（唉，此又有意無意地試圖淡化毒奶事件，隱隱然要為中國當權者護航啦）。殊不知毒奶粉害的是嬰兒寶貴而弱小的生命，人神共憤，金融風暴祇是成年人的錢財損失，怎可相提並論？把錢財看在生命之上，今竟宣之於受人愛戴的神父之口，能不教人為之沮喪？

國鍵一得之愚，未必確當。如有莽撞之處，還請尊敬的徐神父及讀者們包涵則個。

願天主祝福吾中華民族，也願天主助佑日本民族，讓日本早日復原，同享天主賜予的福樂。奉主耶穌基督之名而求。亞孟。

二零一一年三月廿三日半桶水天主教徒盼人潘國鍵於多倫多如心齋燈下。距三月十一日日本東北大地震僅十二日耳。災區仙台，滿目瘡痍，慘不忍睹。而福島核電廠輻射洩漏之危機仍甚嚴峻，實世紀之大災難也。

# 為日本東北大災難復陳數言

今年三月十一日，日本東北發生大地震、大海嘯、核電廠輻射嚴重外洩大災難。人間樂土，頓成地獄。舉世同哀。可不一周而各種杜撰之「傳聞」和「推斷」迭起，悲天憫人之慈善心，忽爾化作聲討日人罪行義憤填胸的大會。甚或主張拒伸援手，向落水狗多打一棒，看得人呆了眼。惟此對吾中華民族和天主教的正面形象，毫無幫助。謹復陳數端，聊供思考：

（1）國鍵堅持日本須為二次大戰在華罪行認錯道歉。此國鍵於報章之專欄文字屢有陳述，見《國鍵文集》第一輯，不贅。

（2）今者日本民族遇上大災難，正值災民老幼饑寒，苦海爭扎之際，何忍再加一棒？

（3）近代中國百年外患，飽受欺凌，國鍵專修歷史，讀之每每握腕。然中國歷史封建皇朝專制，官家之欺凌百姓，亦二千多年矣！愚見認為，國與國之關係，官與民之關係，不能混作一談。否則容易偷換概念，是非混淆。例如把批評中國官家之剝削平民百姓，說成是「媚外」，甚或是幫助外國人打壓中國之類。

（4）今日，人們對日本災民施以援手，本的是人道和孟子所言「人皆有之」的「惻隱之心」的善良人性。在此人性光輝之中，糅插翻算日人舊賬，又或以訛傳訛，忖測日本製造核彈等等，俱不恰當。

（5）「中國威脅論」，近年在西方甚囂塵上。然而，年前中國四川大地震，卻沒聽過西方人以中國擴軍威脅西方安全為由，公然叫人不捐款。反之，例如加拿大政府迅即宣布:「民間每捐一元，政府亦多捐一元！」濟困扶危，確實令人十分之感動！

（6）二次大戰後，日本和中國都一窮二白，從零做起。今日她們的相繼崛起，靠的都是民族自己的努力。若把戰後日本經濟的迅速發展和繁榮，說成是武力掠奪亞洲各國資源財物而來的成果，這種想法，和今日美國有些人認為，中國的強大，乃靠廉價傾銷、以不平等貨幣和貿易政策壓榨美國而來，同樣誇張得令人發笑。

救人為先，討債為次。請幫幫受難者，多點為苦難的人祈禱吧！

二零一一年三月廿八日潘國鍵於多倫多。日本災情，持續惡化。剛聽新聞報道，中國政府正派船載運石油，義贈日本。身為炎黃子孫，與有榮焉。

# 仁心見素質

（一）

有關日本東北大災難之拙文兩篇上載拙網後，頗有回響。

吾同窗摯友石兄賜函，謂要多諒解深受日本侵華「歷史傷痛」「切膚之痛」的人們的感受。這是很有道理的。因是之故，國鍵素來主張，每年南京大屠殺悼祭之日，都要向日本人媽他一次，要求日本道歉賠償。並要加強對下一代的歷史教育，毋忘民族的傷痛。

（二）

然而，惦記歷史，不等於擁抱仇恨。凡夫俗子若我，或可如此，請君原諒。若是帶領人們靈性修養的導師，在慈悲仁愛、寬恕罪仇方面，似該有較高層次的道德修養，此其一。把人們拯急扶危的仁善心，導往記仇說恨的憹惡心，既違中國儒家仁恕，亦不符合基督大愛精神，此其二。作為追隨者眾頗具影響力的精神領袖，應知網絡上揑造的資料多如牛毛，諸如近日《大陸國家地震局嚴正公告》等偽造文件，屢見不鮮，一讀而知其為惡作。而無良政客之信口狂言，純屬個人之作勢恫嚇，不值一哂。此等偽文瘋語，若一一信以為確，尋且遽立論斷，言之鑿鑿，這和幫助唯恐天下不亂的壞份子散播恐慌謠言，有何分別？此其三。宣教士若用未經查實的「證據」或似是而非的邏輯胡亂罪責他人，徒為中國知識界增添笑話。既妨害天主教與中國知識份子的理性溝通，亦無助於天主教紮根中國融合思辨縝密的中土思想文化。作為神職人員，在嚴肅的課題上，能不更該慎言哉！此其四。

（三）

請大家須注意的是:個別天主教徒甚或神父的言行，絕不代表教會的立場。如有缺失，請不要都算往教會甚或耶穌基督的身上。國鍵認識的天主教教義是:導人慈愛寬恕者乃天主，反之不是；彰顯公義、憐恤困苦、化解仇怨、淨化心靈則基督，否則不是。

據香港《公教報》，三月廿日，各聖堂彌撒，為日本災民作二次捐獻；三月廿六日，在聖母無原罪主教座堂特別為日本獻祭祈福舉行了彌撒，奉獻金都捐給日本。加國天主教的ShareLife，也大力為日本災民籌款了。愛了災民，那就是愛了耶穌。

四月一日，香港演藝界舉辦了「愛心無國界311燭光晚會」，為日本災民籌款打氣。參加的有港、台、日、韓甚至來自印尼的歌手。愛心無國界，令人十分感動。據成龍先生憶說，零八年中國汶川大地震，日本的翁倩玉小姐打電話給他，邀請他參加日本為四川災民籌款的演唱會，他當然就參加了。這趟日本大災難，他也邀請翁小姐來港參加「311燭光晚會」，向日本災民雪中送炭，溫情無限。且不談悲天憫人的仁心了，就投桃報李，已是很值得人們欣賞的中國傳統美德啦！

參加這次義演的港台韓印尼歌手，其民雖於二次大戰時同受日人之苦，卻還是救人苦難，義不容辭。何故中國內地的歌手，卻是無影無踪的呢？是歷史傷痛？是受了中日他日必再一戰、中國將吃日本核彈的蠱言所煽動？唉，說來可真有點臉紅了。

（四）

論實，由日本侵略而來的歷史傷痛，又豈僅中國獨自承受？韓國印尼等亞洲國家，不也是飽受其禍麼？若言戰爭之傷痛，則一九五零年至五三年的韓戰，加拿大軍與中國志願軍對壘，死傷一千五百五十八人（資料來源:Korea Veterans Association of Canada）。惟中國汶川大地震，加拿大政府以民間所捐，等額增捐中國災民，其國上下仁愛之心厚如此！難道加拿大人就沒有與中國交戰的歷史傷痛了麼？當然有。惟在賑濟中國災民與加中歷史恩怨的事情上，大家倒是分得清清楚楚的。所以，救災不救災，似乎是人的質素才是最主要的問題。

（五）

若言民族衝突終將一戰的假設性理論，固不獨適用於中日，同亦適用於東西方不同文化的國家，與及基督教與回教的兩大宗教陣營。為回應日裔美國經濟學人法蘭西斯•福山的西式自由民主與自由經濟足令世界再無戰爭之說，美國政治學家亨廷頓(Samuel Huntington) 提出了「文明衝突論」。亨廷頓指出，不同民族不同文化的不斷磨擦下，彼此的衝突將無可免。原因是，對同類的喜愛及對異類的憎恹，是人的天性。此論在西方社會，多年來成了熱話，也助長了「中國威脅論」的聲勢。

惟是，就這種較為嚴格的學術論述，大部份的西方人也未必照單全收。若據此等言論而對零八年中國四川大地震的災民見死不救，在西方人眼中，將會是相當荒謬。同理，零三年美國對信奉回教的伊拉克發動戰爭，濫炸無辜，總統小布殊一聲「十字軍」，即時便給奉宗基督宗教（包括天主教）的歐美人們，罵他個狗血淋頭！就美國蜜友加拿大，其總理克里田也出來公然反對:「Who is next？」（意謂:誰是下個受靶國？）西方人頭腦一般較為清醒，不易為蠱言所惑（唉，請恕我又在「自卑」地「媚外」啦），相信這也是人的質素問題了。

質素視乎所受之教育。欲提高國民質素，當先改善國民教育。

二零一一年四月五日清明節潘國鍵寫於多倫多寓。時細雨紛紛。

## 苦難皆從上天降？

（一）

愛妻離世，不覺三個多月了。每思愛妻所受之苦，心為之碎，恐亦成了國鍵餘生永久的折磨。無語問蒼天:不是善有善報的麼？愛妻賢妻良母，是位盡忠職守備受愛戴的好教師，好好的一個善人，緣何要受此種極之磨人的病苦？生生死死倒沒所謂了，老天爺要她用這種方式結束生命，國鍵可就有點不服氣。

（二）

晝夜思量，給熬了三個多月，仍沒解惱的答案。有的祇是「此乃上主給你的磨煉」、「苦痛愈多福報愈大」、「人的智慧無法解答」之類的慰解之辭。道理雖在，卻未必人人折服。因為，它離不開世俗所思:禍從天降。

於是乎，不幸如我者，難免會問:何故偏偏選中我？(Why me？)

兩周前主日彌撒，情緒忽極低落。往見神父，望指點迷津。可惜神父沒得閒。

（三）

天父安排奇妙。上周主日彌撒，祂竟回應了我的疑惑。

彌撒讀經，其一是《聖經•約伯傳》。約伯敬愛天主，一生行善，結果卻是家散人亡，身罹惡疾。絕望之餘，嘆了句「我的眼再也見不到幸福」（約7:7），直是國鍵今日心情之貼切寫照。

神父站在祭壇講道。他指出:

第一，生老病死乃人生所必經，無人可免。

第二，生老病死之苦，皆屬人為，非天主所賜。（國鍵按:例如愛妻之疾，乃遺傳、成長時長期吸入二手煙、香港空氣污染等等人為因素所誘發是也。）

（四）

第三，病痛，又或疾病無法治癒而死亡，祇屬天主所容許，而非天主給人之「懲罰」。這一點，我們須多求天主，賜予智慧去分辨清楚。（國鍵按:甚善。這年多來，在天父帶領和幫助下，愛妻治病，事事順遂，最後安然度過生死，回歸天父懷抱。我家確是蒙受主恩的。愛妻之疾若由天降，天主又豈會照顧？）

（五）

第四，我們接納主耶穌基督，須要整個的接納。不能衹分享耶穌的樂，而不分擔他所受的苦。耶穌給釘在十字架上，苦痛無比，不也說了句「我的天主，我的天主，你為什麼捨棄了我」麽？（谷15:34）（國鍵按:愛妻入院的第二天，由於止痛劑調校不準，也曾有過一次痛極時，低喊了一聲「天父、天父」。每每想起，心痛如錐。）

（六）

第五，所以，作為基督徒，遇上生老病死等苦痛，自當以積極之態度面對。把苦痛都獻給耶穌，與祂的苦難相結合:在苦難中與耶穌共死，方能與耶穌一同復活。在病痛死亡幽黑的盡頭，必能看見永恆福樂的光芒。

（七）

第六，故此，人生遭逢不幸，該以堅強之信德，接受和服從天主的安排。（國鍵按:此正「約伯傳引言」所言，「將自己的命運全托於天主的照顧」。見天主教《聖經》頁七九九。）

（八）

第七，苦難雖非天予，惟天主總能奇妙地使之結出善果。例如令人更瞭解別人的苦楚，多點關愛別人;也讓人多點思考生命的真義，明白人世之虛幻，萬般帶不走...。

神父之言，當頭棒喝。彌撒之後，心感平安。當晚，睡得奇好。

二零一二年二月七日潘國鍵寫於多倫多如心齋。寒風稍歇，冬雪消融。

# 十年一覺耶穌夢

（一）

據謂，亞當夏娃在伊甸園違命吃了禁果，眼睛張開，赫然看見了自己。從此便有了個「我」，也就傲慢起來了。—夫謂之原罪。

國鍵原罪之身，當然不會例外。信教十年今稍結，未嘗不是「我」之在作怪。況乎個人經歷，殊不蓋全;私我感受，難免離真。陋文陋見，僅供消閒，萬莫以之為準焉。

（二）

宗教至潔，本屬為善。無奈在人們「我」的傲慢下，宗教由幫助解決人生問題，變成是社會禍亂的來源。甚者顛倒是非，大開殺戒。潔善之意云乎哉！

（三）

問題在於:由「我」之傲慢而產生了門户，大家就有了「我正你歪」的堅持。門户之見，在人類歷史裏面，毫不新奇。在漢代，經學重視「師承」。不依師承，罪同叛道。且利字當頭，古文經和今文經兩派，鬭了個你死我活。宋明理學呢，「格物致知」歸納派和「明心見性」演繹派，不也是在門户之見下，對壘了好幾百年？在西方的學術界，國鍵在多倫多大學唸教育時，在方法論上，也曾讀過歸納派和演繹派的互砍，仇深似海。兩派頭目，幾至於老死不相聞問。

宗教上呢，除了比決「我正你邪」外，似更別無他途了。衛我之道，除伊之魔，天經乎地義。且容許為求目的，不擇手段。

（四）

門户之見，我始為正，是所謂有宗教信仰的人的通弊。

彌撒中，神父總愛揶揄基督新教一下，說他們並非承傳宗徒，難言正統。牧師講道，反諷天主教崇拜聖母偶像，離經叛道。各自宣稱:祗有自己才配上天國。

同一信仰而互相攻訐，不止耶教。就佛家而言，也聽過佛教朋友指別派佛理為「垃圾」。佛家之對待「外道」，亦不見得定必寬容。曾參加一佛教大型素宴，席中，主持人高聲宣言:我們是不信有神的！在坐基督徒若我，唯有苦笑一下。唉，若沉不住氣，又生事端啦。

（五）

在天主教會裡面，神職人員又或慕道班導師，自以為是的情況，自亦絕非罕見。神父們各有盤算，善會間互有山頭。在小圈子裡各依所是而相護愛，各據所非而相排斥。圈外稍有微言，即視為分裂聖教會，背離主基督。亦曾有慕道朋友敬問年邁有德之慕道班導師，聖母死後，何解其肉軀能與靈魂立登天國？豈料換來的竟是怒目直斥:教條如此，懷疑便是褻瀆！余輩為之愕然。這種動輒否定人們理性思考尋求天主真理的態度，表現出來的，看似權威，實則祇是一種僅看見了「我」的自是和傲慢。耶穌不是教人要以理信，不要迷信（包括「奇蹟」）的麼？

有謂罪人教會，難脫私慾，包涵包涵。唉，「罪人教會」，年來成了教會人士文過飾非慣用的遁辭。然而，作為基督的追隨者，不是該有較高的品格要求和自我反省的能力麼？

（六）

於是乎，在「我」的驅使下，教友之間，不忘去爭。爭什麼？爭天主恩寵，爭得上天堂也。

於國鍵而言，登否天堂上主說，愛妻重聚便是恩。若騰出天堂空位利他人，我往地獄又何妨？當然，善心教友總會安慰人: 放心放心，天福無窮，天國無限，何需人讓？

斯又奇怪了。既是無窮無限，人人有份，何苦去爭？何必各建門牆，排拒他人？有福同享，天堂齊登，不是較自己孤清清獨享獨登更快樂麼？不是更符合天主大愛的精神麼？

（七）

佛徒寡情，教義如此。「慈悲」，最終還是為了我之成佛。天主教會卻是溫情的愛的團體，信徒但求一己登天國，別問他人疾苦多，甚且避之則吉，就很難讓人明白。國鍵一家苦痛兩年，教會內所認識的朋友，前來稍稍關心一下的，竟少得令人歎息。常自反省:國鍵平日也沒甚關心人，奢望別人關懷自己，又是「我」在作祟啦！

（八）

聖堂聖潔無染之夢，碎了。昔日熱衷教會事務，惹來無謂的是非，也實在有些後悔。如今，國鍵不多去聖堂了。近幾年來，每逢聖誕，一家都往Downtown欣賞多倫多管弦樂團（Toronto Symphony Orchestra）和多倫多孟德爾遜合唱團（Toronto Mendelssohn Choir）合演韓德爾（G.F. Handel）的《彌賽亞》（Messiah），順便重温歌詞裡面《聖經》記載有關基督救世主的經文，復思考一下「For unto us a Child is born」（Isaiah9:6）的真正意義。今年，竟也提不起興趣來了。

（九）

背棄天主了？當然不。國鍵仍然相信，宇宙有位萬有之上的主宰，叫做「天主」（上帝）。也相信有神便有魔，兩者都有降災的能力。不同的是:天主降禍，你會墮入地獄;魔鬼奪命，你將往登天堂。這，當然不是天天拜神求福，把苦難病死都看成必是「上天不祐」的迷信之徒，所能完全理解的。

（十）

夢碎心不死。人世雖苦，祇要心存上主，祇要跟隨祂的帶領，必可安然度過，終享天福。

求道事未成。國鍵，仍將努力學習耶穌。並好好調校自己，以別種方式，續為基督而奮鬭。

二零一二年聖誕月眇人潘國鍵寫於多倫多如心齋。救主降生，舉世歡欣; 悠然鬢白，無怨無爭。

# 癌病，是心靈之疾？

（一）

坊間有一種奇怪的說法：「癌症是一種心態、肉體和心靈上之疾病。」聽之失笑。患癌已經夠辛苦了，還要挖他的「心態」「心靈」來敲驗一下，不覺得很殘忍麼？

（二）

何況，拿心靈來和癌病掛鉤，在醫學上毫無實據。它，信是來自中古宗教盲目狂熱的年代，誤以為疾病生於心靈之不潔。時人愚昧，相信斷食、祈禱，可治百病。可今民智大開，嚴重的細菌感染來自心靈？單靠祈禱不吃抗生素而可痊癒？你相信麼？（迷信盲信者例外，故今仍大有市場。）

（三）

不幸的是，基督教（包括天主教）個別不學無術的傳道人，經常用上這種嚇人的手法，既方便而又最能蠱惑人心。祈禱治病？喂，若然不靈，奇蹟沒現，那就不信主了？事實是，教徒患癌的不少，禱告不靈的亦多。有病不看醫生，天天妄求天主（上帝）顯奇蹟給你治病，其實是對神的另類試探，既沒好好學習耶穌在曠野受魔鬼試探的故事，也沒把耶穌命門徒們切莫張揚祂以神蹟治人的聖訓，惦記心裡。唉，靠神蹟而信者，又豈會是真信！

耶穌沒說過疾病乃由心生，也沒叫人把治病之事，全都交託天主。持此說者，實無異於拿「不信耶穌必入地獄」來唬嚇人，迫人入教，相當不道德。

（四）

去年中，住在聖露易斯市的小姨來信，謂她常去的佛堂，有好友尼姑不幸也患上肺癌，問家姐生前吃何標靶化療之藥。唉，出家人了，持素守戒，心靈相對潔淨，何故仍會罹此惡疾？三年前，吾青中校友趙學長，才給按立為牧師，主恩隆隆。豈知不數月就確診患染腦癌，沒一年就蒙主寵召。趙牧師廣受愛戴，修道之人，他的心態和心靈，難道會比不上我們嗎？因罹肺癌剛返天家的臺灣單國璽樞機主教，臨終時還寫了一篇在靈性上很感人的文章，難道他的心靈也有病了？

綜此三事，益知「癌病是心靈之疾」云云，純乃胡謅而又缺德的笑話！

（五）

宗教潔淨心靈，修的是心中的一片淨土，講的是心中的一種平安。既無殺菌之力，亦乏消災之效。祇在澄明安謐的境界裡面，人能泰然面對災禍，坦然面對老病，安然面對死亡。此吾教所言，在堅強信德之中，「一無掛慮」也（腓立比書4:6）。因此，「愛與寬恕」，也祇能令心靈平靜，不能癒病。除非是那「心病還須心藥醫」，本來就是無藥可吃的心病（例如失戀）。

（六）

信德堅實的人，生也快樂，病也快樂，死也快樂。新亞書院歷史系早我一屆畢業的馮燕珍(Peggy Lau)師姊，便是基督徒的好典範。馮姊積極樂觀，一生熱心公益，事奉上帝。今日多倫多著名的「青少年中華學藝比賽」，是十多年前馮姊一手創辦的。可惜天不假年，盛年患癌，搏鬬數年，終亦歸天。住在善終的醫院時，曾私語國鍵，醫護人員都讚她是個快樂的小天使呢。馮姊心地善良，樂於助人。記憶中，離世之時，春秋不過五十三，兒女還在就學。行文至此，不禁又嘮叨復問蒼天：何故天下不幸之事，總發生在大好人的身上？唉！

（七）

在馮姊跟前，國鍵十分不濟。算是基督徒了，可還未能擺得脫死亡的恐懼哀傷。但求天父，多點賜我力量，讓我可以繼續生活下去吧。

當然，天父答應與否，殘生是喜是哀，心靈是煩是安，我還是要活下去的！且必在聖神（聖靈）的光照下，活出新意義，一直到祂恩准我往陪愛妻為止。

夫之謂順天應命。

二零一三年復活節前六日眇人潘國鍵寫於多市如心齋。春雪初融，生機無窮。

## 自序：感恩
### (摘自《聖經耶義書法錄第一輯》)

宇宙間最珍貴的，是愛。無論有神無神，祇要相信人間有愛，自必活出意義來。

愛，是一種相互的關係，此所謂仁（愛）者，「相人耦（並耕）也」。父母若然没負上養育兒女玓責任，無愛無義，那麽，要求兒女孝順，就祇有在封建社會才叫天經地義。故曰：父慈，而後子孝。讀聖經，闡耶義，當亦如是觀。

天父慈愛，除了賜人生命和照顧人的日常所需之外，還把祂的獨生子耶穌釘在十字架上，作為救贖人類的終極獻祭。人在世間，算是不信救恩，不認為天地有位造物主，也得承認，清風明月，甘露美食，人世所享之物，幾無一不來自天地！能不感恩耶？

如何感恩？以愛還愛是也。神若愛我，我還之以愛；天地愛我，我還之以愛；人若愛我，我亦還之以愛。否則謂之忘恩負義。

因是之故，國鍵餘生，決多抄錄聖經，好好認識耶穌義理，稍報天恩。經句大多由主內姊妹鄧麗瓊醫生挑選，很能代表耶穌的思想和精神。其信教與否，讀之當有裨益。天父恩慈，固樂與天下人同享也。

茫茫塵海，願上主之愛，常與我們同在。

二零一三年四月十五日眇人潘國鍵識於多倫多如心齋燈下。

# 序言: 經文難讀怎化俗?

**(摘自《聖經耶義書法錄第二輯》)**

(一)

基督宗教, 講的是人神關係、人生道理。既是道理, 自該合乎邏輯, 兼備情理; 其對象既為凡俗大眾, 則說來淺白易明, 才叫得法。此所以國鍵向來相信, 要基督聖教在中國黃土地上開花結果, 首先須有一部易讀的中文《聖經》。

(二)

可天主教華人傳道人, 未必都懂得這個道理。捧着本一九六八年思高聖經學會譯釋的中文本《聖經》, 視若神明:一字一音不能易, 通與不通不可改。例如格林多前書十三章四節:「愛是含忍的, ...。」什麼叫做「含忍」? 今天讀來就不易完全理解。頗不及基督新教譯作「愛是恆久忍耐」(哥林多前書13:4), 更易明白也。

(四)

若翻譯名, 同亦不無令人慨歎之處。例如坊間早流行Moses為摩西, Abraham為亞伯拉罕, David為大衛,S olomon為所羅門, Mathew為馬太, Mark為馬可...。可思高聖經學會卻以譯音確切為由, 另譯摩西為梅瑟, 亞伯拉罕為亞巴郎, 大衛為達味, 所羅門為撒羅滿, 馬太為瑪竇, 馬可為馬爾谷...。若非天主教徒, 讀之必甚混亂。國鍵昔在慕道班, 便有了這種《聖經》經文詞意不清、譯名難記, 讀來相當吃力而又費神的感覺。

不過音譯一個, 無關教義。何苦各執所譯, 妨礙基督救世大業?

(五)

文字, 是傳達道理的工具, 它不是道理的本身。視印刷在聖經紙頁上的油墨文字和標點符號為神聖不可侵犯, 很容易會墮入另類的偶像崇拜。須知文字塵世濁物, 神聖者祇是由它傳遞的基督真理。故此, 天主教華人教會今天還死抱着一本半世紀前的過時聖經譯本, 拒絕在語言文字上與時並進, 就有點頑固得難以思議。

(六)

把艱深的學問, 化為簡單的道理, 是學者的責任; 把基督的真道, 融為顯淺易明的至理, 是教會神職人員無可推卸的職責。

故此, 國鍵雖為天主教徒, 書此書法錄時, 經文採用大眾較易明解的新教譯本。教內朋友或有微言, 亦請恕諒則個。因為, 寫出來的, 若僅天主教徒讀得懂, 豈不大大違背基督託付聖教會福傳必須面向「普世」(Catholic) 的崇高理想和神聖使命了?

(七)

國鍵今獨眼亦矇, 無力查經。此輯經文, 仍由鄧麗瓊醫生提供, 在此再謝。

人生悲歡,各負十架: 願主與我們同在。

主曆二零一四年元月八日眇人潘國鍵序於多倫多如心齋。斷電挨過, 復又嚴凍; 天之降任, 先煉其身乎?

# 「因我罪」?「前世因」?

(一)

宗哲思想, 欲釋人世萬事。禍福何故? 苦樂何由? 此生之悲歡離合, 總該有箇道理吧。此宗教之所以吸引人也。

答案, 當然以愈簡單愈涵蓋而愈好。

(二)

人生何故苦? 基督徒答曰:「因我罪!」夫罪也者, 乃沿承原祖父母亞當夏娃偷吃禁果從此偏蔽於「我」之所謂「原罪」也。於是乎, 人世從此有老病死之苦, 有生離死別之苦, 有饑寒交煎之苦, 有顛沛流離之苦...。不服氣麼? 唉, 祇要唸那短短「因我罪」三字即可。這全是先祖遺傳下來的DNA, 看你還有啥話可說?

(三)

當然, 基督徒之「因我罪」, 猶未及佛家子那「前世因」一語來得厲害。同樣短短三字, 它不但可以解答人生之所以挨苦, 還注釋了人生之所以享樂, 確更「好使好用」!

佛徒最講因果:「欲知前世因, 今生受者是」。今生苦樂, 全乃前生作業而來之果報。故此, 汝今生何以挨苦? 前世因也; 汝今生何故享福? 前世因也; 汝今生何以短命? 前世因也; 汝今生何故長壽? 前世因也; 汝今生何以孤獨終老? 前世因也; 汝今生何故兒孫滿堂? 前世因也; 汝今生何以貧窮卑賤? 前世因也; 汝今生何故大富大貴? 前世因也...。

汝人生之任何問題, 祇要祭出個「前世因」, 幾乎無難而不解。服未?

(四)

這當然不是說佛門就此叫人認命。因為,「欲知來世果, 今生作者是」。曾聽日人「落語」曰: 有些事情, 汝此生就怎努力也沒能成功的, 哈哈, 沒啥關係, 還有來世呢,—來世干巴爹(加油)!!

(五)

然而, 把人間的不幸都說成是「前世因」的必然果報, 那末, 社會上一切的不公平和不公義, 很容易會變得不是全無道理。無辜義人慘受壓迫甚或喪掉性命, 似乎也沒什麼大不了: 蓋害與受害, 皆由前世各作之業, 今生總須各自了斷。做人呢, 今生前世, 恩恩怨怨, 最緊要「了」。「了便是好!」—這是《紅樓夢》「好了歌」唱的。

南無阿彌陀佛!

(六)

因是之故, 難怪有佛徒曾語國鍵, 那生活在第三世界貧窮戰亂地區受盡折磨的人, 皆因前世作惡多, 今生輪迴在人間地獄還債。債若還清, 來世自好。至於閣下能夠移民加拿大坐享清風明月呢, 嘻嘻, 乃因前世為善多、積福厚喎!

信? 不信? 看你啦。

(七)

惟是, 人們一旦把別人之苦難看成是他自己「前世作惡」的合該報應, 則人性中最可貴之同情心和憐憫心, 在實踐上就難免有了點遲疑。一切之殃既他自作, 也就祗能由他自己才可了斷。你執意替他拔苦? 豈不反害他前生舊債未償, 今生又添新債了? 他欲來世享福甚或斷業成佛, 可更遙遙無期囉!

(八)

於基督宗教而言, 「原罪」不招福樂, 此生受苦是活該的了。至如人世之福樂, 實乃全由天予, 多少帶點幸運的成份, 故名—「幸福」。是亦吾民俗所信: 福祿天所賜, 生死不由人也。

我之有福, 出於幸運。他若無福甚或橫遭災患, 大抵由於不幸, 倒未必定是他個人自作的孽。能不憐之憫之,施以援手乎?

(九)

佛徒慈悲, 樂於行善。真正的基督徒, 遇見不平不幸事, 也絕不會坐視不理。至如救災扶貧, 更是不在話下了。

於孟子, 此為惻隱之心; 於耶穌, 此實天主之愛焉。

二零一四年二月卄日眇人潘國鍵於多倫多如心齋。春雪初融。

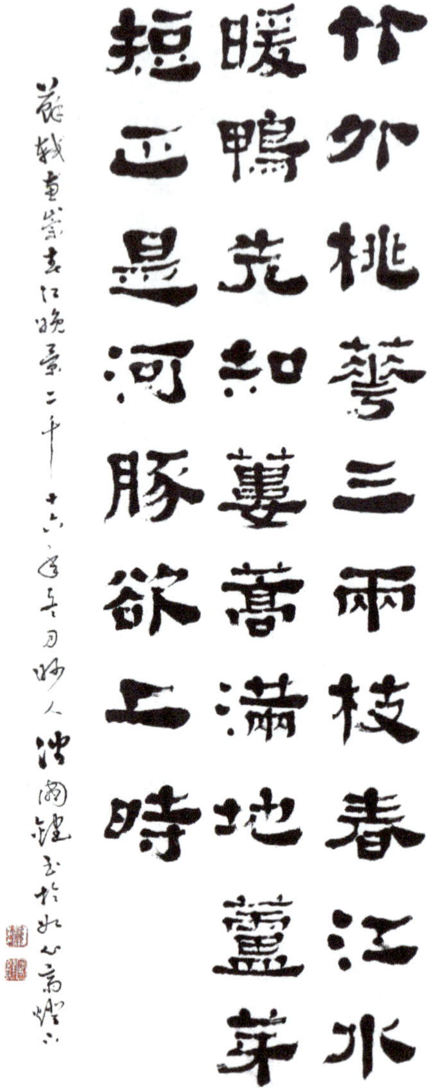
竹外桃花三兩枝春江水
暖鴨先知蔞蒿滿地蘆芽
短正是河豚欲上時

潘國鍵隸書蘇軾春江晚景
水墨紙本 114x50cm 2016年丙申

# III. 旅遊篇

潘國鍵擬高鳳翰芍藥圖
水墨設色紙本　34x44cm　2004年甲申

# 港日紀行: 餤情熱熱

（一）

二零一二年暑，國鍵與兒子君尚往香港澳門探望親友，兼遊日本東京大阪。留港期間，原以為與吾餤眾老友一聚便是，豈知友情綿煦，大聚小會，竟以數計。同窗之誼，既厚且永也。

（二）

抵港之前，程汝初、張濟光老兄早已安排七月七日上環蓮香居餤友晚飯大聚會。且寄來菜單，吃的是「九大簋」，主菜霸王鴨。在多倫多，十多年想介紹吾兒吃正宗的霸王鴨而弗得，這趟真是喜上加喜了。

（三）

七七雖為國觴，然老番七夕，亦宜飲食。難得有緣相敘，喪妻之痛，民族之傷，都暫時放下，一得開懷時且開懷。

是日黃昏，依時赴約。才入酒樓，衹見汝初兄與何汝洛兄已經在座。老友相逢，暖意無窮。稍後諸兄姊陸續到達，兩大席坐滿廿八人（圖一），熱鬧非常。林平川兄蘇煥華姊賢儷、温兆生兄、康寶森兄、李映卿姊，和剛從加國卡加里回港首次參加餤友聚會的王瑞霞姊，都四十多年沒相見啦。今宵忽相遇，能不更加感動？陳秀珍姊又介紹賢夫婿黃顯華教授予小弟認識，國鍵甚是榮幸。黃教授，香港中文教學之專家也。他日有緣，當自恭聆教益焉。

是晚酒美餚香。平川兄帶來紅酒數瓶，大家飲個痛快。

林壽康兄原謂有點咳嗽，不喝席上的啤酒了。可他也擋不住紅酒的引誘，連喝兩杯。詐咳？非也非也。還沒酒酣耳熱呢，壽康兄忽掏出一大袋藥丸吃，向小弟細說如何治咳。才剛說完，而鄺錦威兄遞來搭通了梁秉焜兄的電話，他又忙着和秉焜兄通話了。國鍵有幸，隔空和秉焜兄也聊了幾句。歲月飛逝，西貢海鮮晚宴與梁兄一別，匆匆竟又兩年矣。

紅酒威力大。酒過三巡，愈喝愈高興。至於霸王鴨是什麼味道，倒也記不得了。衹記得平川兄介紹紅酒如何謂之佳，宗哲人生如何謂之善。彼此笑聲，震響不絕。益者三友，吾餤之敘，又豈止於飲飲食食？眾友言談中滲出之生活哲理，國鍵得益不少焉。

夜深，歡盡席散。李澤衡兄邀大家往附近甜品店吃甜品。弟因健康，未能奉陪。能與大家相敘三個多鐘，已是上天的恩賜。雖則後會未必有期，也該心滿意足了。

（四）

原意就此便拜別了。誰料啖友之敘，竟相繼而來。上天待我，固甚厚也。

七月廿七日，愚父子赴澳門探望愛妻親戚，濟光兄Maria姊義作導遊。大家又開始再見面啦。在張兄帶領下，品嚐了葡式美食；於氹仔、松山與和隆街等地，飽覽了濠江佳景（圖二）。

而翌日傍晚，又與石廣發兄嫂、崔格成兄嫂，飯敘於銅鑼灣時代廣場之金滿庭（圖三）。而更熱鬧的，莫過於七月卅一日晚為了張全亮、麥偉榮二兄返港而在尖東富臨海鮮酒家的大聚會了。

（五）

是夕也，參與者廿四人，坐滿兩大桌（圖四）。全亮兄、丁翠英姊、陳應煌兄冼少馨姊賢儷，亦四十多年沒相見的老同學。是夜相逢，實在喜出望外。

這番平川兄又帶來一大袋紅酒，與大家共享。且說這酒比上趟的更好，蓋瓶上凡印有Lafite一字者，必為佳釀也。此語一出，試作劉伶的兄姊，自然更多了。

於是乎，紅酒與啤酒並飲，一眾同歡。那些年的禮教拘束，不自覺為之稍稍鬆脫。全亮兄直呼平川兄為「肥佬」。何藹瓊姊喝得高興，要與平川兄比酒量了（圖五）。平川兄提議，何不傚古人拿碗子喝？哈哈，古人若到熱烈處，頗有手提酒埕，骨碌骨碌大口大口喝的，這才算豪快喎！鬧哄一起，看來也喝了幾杯的澤衡兄、汝洛兄、濟光兄和何國昌兄，也前來湊熱鬧了，笑聲震響。坐在隣桌的煥華姊回首含笑着望將過來，平川兄急忙提筷，說要先吃箸菜。待煥華姊回過頭去，嘻嘻，大家又來舉杯啦！

澤衡兄問藹瓊姊，是不是在內地練得如此喝酒的好本領。姊謂，她在大陸是絕少喝酒的。咦，這可有點奇怪了。奇怪的倒不止此，據汝初兄說，滴酒不沾的濟光兄，這晚竟也喝了幾口，不勝酒力，臉紅近醉。唉，濟光兄也許真的醉了，竟忘了曾在這晚拍過一大輯好相片。兩日後待藹瓊姊追問她和尚兒合照的下落，他才真個醉醒過來，連忙把珍貴作品，郵傳給大家分享。後據攝影大師馮文德兄說，濟光兄乃攝影界之高手也。

（六）

是夜觥籌交錯，歡笑不絕。吾錟社校花翠英姊提議「三朵金花」與小弟來個合照（圖六）。沒料此議一出，樂與金花拍照又豈獨國鍵一人？結果呢，嘻哈聲中拍成的，是另一張笑容燦爛的大合照了（圖七），哈哈哈！

友情濃濃，氣氛熱熱，聲浪自然較大。隣桌大叔，為之側目。汝初兄謂，記憶中，錟友聚會，情景從未如此熱爆過。喲，幾十年才一趟啫，冇所謂啦！

樂然無我，人生妙境，實將難忘。

（七）

友情綿長。富臨之敘才稍別，八月三日，又與張澤鈞兄、格成兄、兆生兄、應煌兄少馨姊賢儷，午茶於北角彩福酒樓。澤鈞兄數十年沒通音訊了，精神飽滿，温文如昔。想當年，唐如慶老師呼弟為世侄，而澤鈞兄緣此而稱弟為「世兄」。彈指之間，皆屬陳年。今得相叙，能不暢懷？雖則聚散匆匆，人生之常，但祈多多保重耳。

（八）

翌日下午，竟又有緣，於中環機鐵站Starbuck與平川兄煥華姊談天（圖八）。這個「天」，指的是冥冥中存在的那個主宰。平川兄年來醉心研究宗教義理，見解精闢。

平川兄謂弟曰，他自基督教信仰的框框跳了出來，旁參佛道，悟得了一些道理。他指出:

（1）不同宗教信仰所尋求的，同樣祇是一種「境界」。因此，大家不該拘泥於某種形式。基督教之靈修，佛家之禪定，皆屬個人之心理狀態。

（2）所以，信奉何教並不最重要。最重要的是，自己要搞清楚信教的真正目的和意義。這才是關鍵（key）。而凢以功利為信仰之目標，例如信教求治病之類，都要不得。

（3）信教當然也要看看結果（result）。其有用之處，乃可賴之提昇（upgrade）自己。

（4）宗教是什麼？人活到某時期，不期便會有點恐懼感。於是乎祈求神靈保祐，產生宗教。所以，今天要研究如何用宗教去幫助人，例如使人善用宗教，好好調校（tune up）自己，知道人一出生，本來就不完美，要謙虛一些……。這，才是實用。

平川兄不嫌小弟孤陋，幾番耳提面授，得益匪淺。臨別時，國鍵懇請中文了得的煥華姊，把賢夫婿平川兄的各種心得詳細紀錄下來，惠登拙網，好助眾生。賢姊欣然點頭。至於真否動筆，唉，倒要看日後的因緣了。

（九）

才與平川賢儷一別，八月六日返加前夕，復與锬友午間茶叙於北角新都會皇宴酒樓（圖九）。大忙人羅觀翠姊、胡紹燊兄，皆高等學府之領導人物。抽空前來，友情珍貴。平川兄笑言，在座九人，兩校長三教授，份量甚重也。其實，平川兄商界翹楚，有他出席，可更重上加重呢。

若再論成份，則與會锬友，區區不過八位，卻包括了崇基、新亞、聯合校友，且文理商與社會科學院出身者俱在，稱之為六十年代香港中文大學之縮影，似無不可也！何老牧常以锬社而自豪，未始無因焉。

（十）

國鍵自愛妻走後，生且何歡。此番返港與眾友相叙，翻然覺悟，苟全之命，也未必了無樂趣。感謝關懷，感謝來叙。後會，還是有期的。蓋新都會之聚，知悉紹燊兄明夏往温哥華講學，藹瓊姊亦有意北美遊，遂約定了，明年七八月間，大家温哥華多倫多再見！

緣來緣去，緣去緣來。夕陽絢爛，能不珍之惜之耶？

二零一二年九月九日眇人潘國鍵寫於多倫多如心齋燈下。涼風送爽，秋葉微黃。

圖一 A

左至右座:何國昌伉儷、林壽康伉儷、潘國鍵、張濟光、石廣發伉儷、崔格成、鄺錦威、劉耀球。
後排:林平川、温兆生。

圖一 B

下中，左至右座:黃顯華、梁豪生、歐福堆、黃永久、程炳坤、康寶森、李澤衡、程汝初、何汝洛、蘇煥華、王瑞霞、黃煥開、李映卿、陳秀珍。

圖二

左至右:張濟光、潘國鍵、潘君尚、Maria。

圖三

左至右座:石夫人、崔夫人、崔格成、石廣發、潘國鍵。
後排:崔公子、潘君尚。

圖四 A.

左至右:祁潤林、康寶森、温兆生、林平川、潘國鍵、張全亮、何藹瓊、程汝初伉儷、劉耀球、程炳坤。

圖四 B.

下左至右:丁翠英、蘇焕華、麥偉榮、鄺錦威、黃永久、李澤衡、何汝洛、歐福堆、陳應煌、冼少馨、何國昌、張濟光。

圖五

圖六

圖七

圖八

圖九

左至右:蘇煥華、羅觀翠、程汝初、胡紹燊、何藹瓊、張濟光、林平川、潘國鍵。

# 港日紀行: 友愛綿綿（附論「國民教育」）

（一）

二零一二年夏，國鍵港日行，意在順道答謝喪妻後眾友的關懷。除前文《港日紀行:惔情熱熱》所記之外，其他摯友相叙亦甚多。今錄其要者，亦所以誌友愛之綿綿也。

（二）

七月三日抵港，稍事休息，七月五日午，即赴北角彩福酒樓，應張祝珊英文中學舊同事之約（圖一）。與會者全乃七十年代國鍵在張記執教時認識的老友。這班摯友，絕大部份其後都轉職政商，大有成就。退休之齡，大家談起三十多年前張記舊事，樂也無比。散席時餘興未盡，約定八月三日共赴大埔墟街市吃海鮮。

（三）

七月六日早，老友青中元社（1965）陳封平師兄駕車親臨酒店，帶愚父子往太平山頂觀光（圖二）。卄多年沒去過的山頂，面目全新，現代化到令人不知是悲是喜。

午後與封平兄及其千金Angel於銅鑼灣南翔饅頭店進膳。猶記一零年仲夏之夜，兩家於尖沙咀喜記飯叙，其時愛妻尚在，乍聞封平嫂夫人於是年初夏病逝，愛妻為之傷心流淚之情景。今愛妻亦返天家，人世變幻莫測，竟至於此！

（四）

七月八日晚，與尚兒之契爺契媽黎氏一家大聚會，在北角海逸君綽酒店吃自助餐（圖三）。尚兒褓襁時，曾由契爺契媽幫手照顧。吾家與黎家，三十多年來已如至親。去年十一月，兩老遽悉愛妻不幸歸天，越洋致電慰問，俱泣不成聲。余亦為之哽咽焉。

七月九日早，與新亞書院歷史系舊同學，相會於麗港城之稻香酒樓（圖四）。大家自七一年畢業後，各自各忙，甚少見面。同班十多人，而英年早逝者二。九七問題後，移民者亦眾。今仍居港者，四、五人耳。治學救國？今朝相逢，自又別番感受也。

（五）

七月十一日，徐夫人與徐豪、徐傑賜晚讌於北角香港老飯店（圖五）。豪、傑隨余習書法十多年，甚具天份。夫人與愛妻數十年老友，去年聞愛妻離世，亦淒然下淚。今夕相見，頗有相對無言之痛。豪傑兩公子兄弟同心，自澳洲學成返港，設立「冠峯物業顧問有限公司」，於會計界及物業界一展所長。今成績漸見，徐先生徐夫人，當老懷大慰矣。

（六）

七月廿八日午，又與另一徐家敘舊於北角利苑酒樓（圖六）。徐家與吾家八十年代中相識於多城，成為摯友。年初告知愛妻撒手塵寰，夫人即時為之灑淚。良善之人不永壽，實在難明白。唉！

七月廿九日午，前赴中環金鐘之紫玉蘭，與鄧老伯、伯母及弟子鄧悅翹醫生、鄧麗瓊醫生三家人吃午飯（圖七）。鄧家上下，皆虔誠基督徒，謙善有禮，樂於助人。愛妻病發，多番照顧，感激殊深。鄧伯賢儷愛護兒女，家教甚嚴。所育三孩，今俱杏林翹楚。而兩賢婿同亦香江良醫，活人無數。若有模範父母選舉，兩老必為首選無疑也！

（七）

才見過鄧家，傍晚又趕往灣仔老上海飯店，應青中馮寶森賢姊（1977恆社）之約。乘地鐵剛步出灣仔站，遇上「反國民教育大遊行」（圖八）。機會難逢，忙混入隊中也行了幾步。可惜時間緊絀，匆匆又要逆向而走，前往飯店去了。吾家十八年寄身海外，沒緣參加香港各次關心港人前途的大遊行，素感遺憾。今番算是得償所願喇！

是夕得與馮姊及千金Andrea見面（圖九），實亦至幸。青中恆社網站馮姊鴻文《記三個快樂的聚會》已有記述。珠玉在前，國鍵何敢獻醜？惟可畧作補充者，乃為人父母，幾無不為兒女之終身大事而掛心。然而，造物弄人，這十多年來的觀察，兒女遇得合緣對象、彼此相愛、有情有義、肯生兒育女者本甚不易，而世情往往且是:兒女所愛，父母反對；父母所喜，兒女抗拒。唉，幸福婚姻，畢竟不是兩個人而是兩家人的大事，其中複雜，未必能有道理可言。何況父母着急，兒女又未必領情。斯所以國鍵曾寄語屈暢煊老兄曰:

就交託給天父算了吧！

至如馮姊千金Andrea，年青貌美，言談高雅;學識豐富，活潑可人。何愁來日不覓好女婿？一萬個放心啦！

（八）

與馮姊老上海敘後，三十日早，又再與封平兄聚於北角彩福酒樓。陳兄乃特首選委，與梁特首團隊頗有聯繫，垂詢小弟對「國民教育科」的看法。弟雖不才，惟關乎吾民福祉，不能不署表愚見:

（1）所謂「國民教育」，本乃國史與國文教育之責任。獨立成「科」，令人費解。

（2）課堂之上，有的是國史科、國文科，未聞有「國民教育科」，且有着什麼「指引」、「教材」來教學的。

（3）國民教育，着眼的是「育」，而不在於教。「經師易得，人師難求」。品德培養，不能靠教課本做作業。最重要是仗賴父母和良師道德人格的感染力。此所以在禮義廉恥四維不張的國度裡，強迫孩子讀一萬本國民教育的書，其結果也衹會讓孩子們暗自竊笑，爭做騙人的表面工夫了事。其害必如漢世之「察舉孝廉」。當日的「孝子」「廉吏」，幾乎全是假貨。雖則今日國內贋品泛濫，假貨成風，多搞個「國民教育科」來讓人造假，又有啥足怪？

（4）愛國不能教，而祇能育。能教授者，亦國之文史而已。國民對國家之愛，出之於對民族歷史與文化之投入與認同。倘佯於民族的歷史長路，漢強唐盛，固是同喜;宋黨明閹，實又同悲。明清專制，為之髮指;倭敵侵華，能不膺憤？讀宋詞那句「靖康恥，猶未雪」，能不握腕？吾愛吾民吾國，又何需別修個什麼「國民教育科」，硬塞個「愛國愛國」來成全？

（5）硬塞，並不是愛的來源。國鍵對亡妻之無盡愛思，並不因為教會訓示，命我去愛，而全因為夫妻攜手，走過了卅八年的甘苦之路。若沒有這種共同經歷和回憶，永世之愛從何說？教士傳教，總不會就放個十字架在你面前，硬要你擠淚愛天主（上帝）吧。沒讀過《聖經》，沒曾與耶穌基督同行，走走祂的苦難之路，你可會因感動而去愛主麼？培育愛國，當亦如是。
（6）所以，要培養孩子愛國愛民，在學校先恢復完整的中國通史教學，才是正途。完整的通史，乃包羅政治、制度、地理、經濟、思想文化等範疇。如此，則政治如貞觀之治、日倭侵華;制度如中央之宰相太尉、主席總理，地方之刺史巡撫、郡縣省府;地理如交通城防;經濟如商貿賦稅;思想文化如諸子詩詞，無不稍有認識。愛我民族之心，自油然而生也。何勞亟亟催生個「國民教育科」不倫不類的怪胎？

封平兄聽之稱善。亦言其對嫂夫人之無限愛意，蓋因數十年風雨同路之夫妻恩情也。又囑余速速為文，代呈有司。可國鍵旅途奔波，精神欠佳，僅答應返加後盡快動筆。

是晚，與陳家飯敘於灣仔榮華酒樓（圖十）。參與者尚有青中校友楊昆崗博士（1965元社）一家。國鍵與博士不諗熟，恭恭敬敬地說些客套話而已。

## （九）

八月三日，斜陽夕照，張記眾老友依約赴大埔墟街市吃海鮮，由陳麟兄主其事。可料不到陳兄警界高層鐵漢，退休後專注攝影、書法等藝術之餘，竟會愛上逛街市買菜。是夕，見他手提環保袋，在街市地下數十個海鮮檔中，左穿右插，揀鮮問價，不一會就魚蝦貝鱔，滿載了兩大袋。然後帶同我們往三樓的「三小姐」，交付烹調。咦，果真美味難忘喎！在港飲飲食食，此餐最是回味也！酒美餚佳，一眾同歡，樂亦無窮也（圖十一）。

一宿無話。八月四日午，又與馮瑞璋紀念學校愛妻之舊同事老友們相約於灣仔東閣金園酒樓（圖十二）。愛妻一向人緣極佳，大家對之愛惜有加。席間千言萬語，唉，卻真的不知從何說起了。惟祝大家身心健泰，生活愉快而已。

八月五日，又與黎契爺契媽一家午茶於太古城鍾菜館（圖十三）。臨將返加，心生不捨。此番相別，再會未必有期。人世既是聚散有常，唯能珍惜當下聚會之福緣耳。

## （十）

佛言人世盡苦。若是，則生命毋寧是上天的詛咒。基督徒相信，天父造人，本想人人快樂無苦。今雖原罪之身，受苦當然。然苦痛之中，必有其樂。此吾師何世明牧師所言「苦杯裡的甜果」也。人呢，衹要心存善念，困苦之中，未必了無甜果。國鍵此番傷心返港，與眾老友共叙之各種快樂回憶，斯其一歟？

二零一二年九月十九日眇人潘國鍵識於多城如心齋寓。佳節臨近，秋月將圓。

圖一

前排左至右:郭夫人Peony、高夫人、呂夫人、潘國鍵、冼夫人、屈石生。
後排左至右:陳麟、黃偉邦、劉敏立、羅志勤、郭國全、馮志揚、吳長和。

圖二

陳封平、潘國鍵。

圖三

圖四

前排左至右:潘國鍵、方文莊、方夫人。
後排左至右:林朝巖、戴錦章、陸國燊。

圖五

圖六

圖七

圖八

圖九

左至右:Andrea，馮寶森、潘國鍵、潘君尚。

圖十

圖十一

左至右:馮志揚、黃偉邦、陳麟、潘國鍵、冼家興伉儷、郭夫人、何小華、郭國全、劉敏立伉儷。

圖十二

左至右:潘國鍵、譚炳坤、翁鏘雲、奚素文、謝靜輝、羅文景、梁富嫦、林凱瑩、楊Macy、巢淑儀、楊國輝、尹金玉、陳淑珍、劉少萍、彭樹楷、彭夫人、何淑芬、譚經緯。

圖十三

# 港日紀行: 真愛永恆

( 一 )

白居易《長恨歌》:「天長地久有時盡，此恨綿綿無絕期。」恐怕祇說對了一半。因為，唐明皇愛楊貴妃若是真心的，還該有的是:「此愛綿綿無絕期。」永燃的真心之愛與喪亡之恨，交織的是一種摧心折骨的苦楚。任凴你怎堅強，也輕易給它擊倒。

( 二 )

花開花落有時盡。 黃自 、韋瀚章清唱劇《長恨歌》那句「鏡花水月，畢竟總成空」，固可紅塵看破，──無所謂恨，亦無所謂愛。然而，空空放下雖或自在，卻也容易成了失憶。愛妻乃國鍵人生的重要部份，要忘記她，恐必如鄧麗君唱的黃霑歌詞:「等於遺失了自己。」

不讓此恨無絕期的別一個方法，是努力讓自己對逝者的真愛成為永恆。為了永遠留住這份愛，微塵的我，甘願冒佛家子那「執愛成苦」的風險。

( 三 )

真愛來自天主（上帝），發自靈魂。（請留意這真字，千金易得，真愛難求。）人世真愛若不實不永，則天主大愛永恆之說便成虛假。是以國鍵相信，真情真愛，不會隨人世緣盡而幻滅。此情此愛，仍會繼續在世間流動，在無垠的宇宙中長存。朋輩之真情如是，夫妻之真愛，更是如此。雖則國鍵凢夫濁品，恩怨分明，吾之所謂愛，大部份仍屬「人愛我、我亦還之以愛」的狹愛，而非濟世為懷有高尚情操之博愛。因是之故，國鍵此刻自無法把對愛妻之愛，轉化為對眾生之愛也。今日要我放下她？難矣哉！

( 四 )

苦痛，是生命必經之路。當然，若影響到身邊親友的心情，那就罪過。所以，煉靈歲月，要多唱陳昇的那首歌:「把我的悲傷留給自己。」斜陽道上，更要好好學習撿拾快樂，並與他人分享。

（五）

二零一二年夏天，愚父子往赴港澳日本，撿拾的快樂不少，且也圓了愚夫婦的一個心願。

兩年前的炎暑，國鍵一家三口遊北海道，開心之極。愚夫婦當時曾答應尚兒，來年和他往東京大阪，讓他感受一下愚夫婦八四年旅遊該地的快樂。可惜回加後愛妻病發，無法成行。

所以，這趟港日之旅，愛妻遺照的小相片，一直隨身。她，還是陪同愚父子一起到處觀光的。至於來日，自亦如此。永不讓她孤獨，這也是她臨終時國鍵對她最後的承諾。

（六）

於是乎，香江濠江、東京大阪，名城勝地、林山古剎，每遇佳景，必拿出她的小相片，一同拍照留影。東京如皇宮之「二重橋」（圖一），京都如「金國寺」（圖二），奈良如「東大寺」（圖三）、「春日大社」（圖四），皆廿八年前愛妻曾遊之地。今愛妻雖歸天家，然舊地重遊，與尚兒講一下昔日爸媽相愛的快樂時光，確亦稍稍可以舒懷。道理上，愛妻今在天國快快樂樂無病無憂，我還絮絮不休傷心訴苦幹什麼？硬要她留在我的身旁續受病苦折磨，太自私啦！

（七）

真愛不因時而變，否則此愛不為真。是生是死，於真愛而言，並無關係。人雖大去，真愛永存。蘇軾《江城子》:「十年生死兩茫茫，不思量，自難忘。」說的似乎也是這個道理吧。

（八）

婚姻乃永世盟約。夫妻恩義，深厚奇妙。愛妻離世前三星期的某深夜，國鍵扶她往解手時，睡眼惺忪的她，忽地輕聲對我說:「我們去結婚囉。」我答道:「不已結婚了麼？」她說:「係嚕，傻傻地添。」當時不以為意。豈知愛妻之撒手塵世，竟正正就在我倆簽署婚書卅八周年紀念之日！

塵緣雖斷，愛無止期。

二零一二年十月三日盼人潘國鍵寫於多倫多如心齋。愛妻歸天，近一年矣。思念之情，何曾稍減？

圖一

東京皇宮「二重橋」，攝於一九八四年四月下旬。

東京皇宮「二重橋」，攝於二零一二年七月十四日。

圖二

京都「金國寺」，攝於一九八四年四月下旬。

京都「金國寺」，攝於二零一二年七月十八日。

圖三

奈良「東大寺」，攝於一九八四年四月下旬。

奈良「東大寺」，攝於二零一二年七月廿三日。

圖四

奈良「春日大社」，攝於一九八四年四月下旬。

奈良「春日大社」，攝於二零一二年七月廿三日。

# 東瀛紀食

## 東京

國鍵按: (1) 二零一五年七月, 愚父子往遊日本二十三日。今錄所享美食, 分東京、函館(附青森)、大阪(附京都、奈良、神户)三小篇, 聊供參考。(2) 其時滙價, 約1美金兌123日元。(3) 在日本旅遊消費, 信用卡付賬滙率較好。惟注意, 某些小店祇收現鈔, 又或常有信用卡無法過數的情況。多帶現金會較穩當。(4) 在日本用外國信用卡提取日元現鈔, 祇能往郵局有JB字樣的提款機。滙率固然搵笨, 發卡銀行又會另加收手續費。至於日本本地銀行, 僅提供外幣現鈔兌日鈔的服務, 滙價同樣殺你一頸血。入境前, 宜先好好計劃一下。此為愚父子此行的小小經驗焉。

(一)

二零一五年六月卅日, 國鍵父子乘加航自多倫多直飛東京。七月一日抵成田機場, 乘的士入住千代田區之Hotel Niwa。司機八折收費, 不過6,500円左右。酒店環境清幽, 以鬼佬入住居多。房租雙人兩床房每晚23,176円。交通方便, 值得推薦。

稍事安頓, 黃昏步往附近之「かつ吉」水道橋本店晚飯, 點了馳名的羌燒豬扒, 味道不錯。兩人共付4,600円。店內有榜書「天下第一關」, 壁掛吳昌碩「老復丁䲔」、「陸舟水屋」, 齊白石「豐福吉祿」, 皆篆刻木匾。

羌燒豬扒

「天下第一關」

七月二日早, 乘東武火車往日光市遊東照宮。午後往淺草遊淺草神社。晚在淺草駅(駅即驛, 站也)附近街店吃鰻魚飯, 品質和味道都不太理想, 兩人卻花費了5,000円。人說淺草鰻魚飯店店好吃, 似乎不然了。

(二)

七月三日早, 往遊明治神宮。午於宮內「Yoyogi Restaurant」吃豚角煑定食及夏野菜天婦羅鰻魚定食, 甚有驚喜。尤其後者那一小盅「茶碗蒸」, 香滑得令人難忘。兩人共付3,580円, 真係超值!

豚角煮定食

夏野菜天婦羅鰻魚定食

是晚再往「かコ吉」吃炸豬扒及半生熟鴨胸, 尚算合格。共付4,600円。

半生熟鴨

炸豬扒

七月四日早, 先赴鎌倉, 看大異山鎌倉大佛。鎌倉電車, 竟是明治舊物! 隨往長谷寺看金觀音, 之後乘火車往橫濱。無甚足陳。

七月五日早, 因失聲忙乘的士往聖路加國際醫院睇急症, 診金加藥費, 承惠25,000円。日人英語一般差, 信用卡竟又過唔到數, 尚幸有現金。睇過醫生去醫肚, 步往築地魚市場著名的「壽司清」吃壽司。點了兩客最貴的壽司定食, 另加兩片肥Toro(呑拿魚腩, 每片500円), 共付8,200円。鮮美極品, 不在話下。

壽司定食, 部份

吞拿魚腩

吃過壽司, 往遊上野台東區立書道博物館。小兒Vincent近年沈醉書法, 剛巧該館正舉行「中國南北朝時代之書」的展覽, 自然看得入迷。

七月六日, 在東京駅丸の內百貨12樓之「つばめKitchen」洋食店午膳, 吃椰菜卷及煎鷄扒, 都很好吃。印象中, 價錢不貴。

書道博物館

椰菜卷及煎鷄扒

(三)

七月七日, 早遊東京鐵塔及其旁之增上寺。午往銀座蛋包飯名店「Yow」吃蛋包飯。蛋層滑不留口, 蛋味濃郁, 果是不同凡響! 埋單二人共1,800円, 平到你唔信喎!

飯後去鳩居堂買筆, 信用卡無法過數, 惟有付現鈔。下午遊秋葉原後, 黃昏再在東京駅的「つばめKitchen」晚膳。選了鹹豬手及炸鷄腿, 都算不錯。鹹豬手味稍鹹, 可能是迎合東京人口味偏濃的緣故。

蛋包飯

德國鹹豬手

七月八日午, 在上野東京國立博物館館內的Restaurant吃天婦羅定食, 亦水準之上。

天婦羅定食

(豬扒包)

論食, 以國鍵個人而言, 則東京殊不及函館、大阪好, 是以可記之處不多。至若後事如何, 請看函館(附青森)篇及大阪篇。

# 函館(附青森)

## (一)

二零一五年七月九日, 國鍵父子乘全日航(ANA) 自東京轉赴函館。早上從Hotel Niwa乘的士往羽田機場, 亦八折收費。愚父子以加拿大旅客身份, 三月在多城於ANA網站預先購得優待機票, 每票祇需10,000円, 連稅折合美金90元。 哈哈, 搭火車都唔得啦!

午間抵達函館, 入住Losir Hotel。酒店住客日人居多, 故而極其清潔寧靜。而函館駅及巴士總站在其對面, 交通尤為方便。惟須注意, 入住時先要清繳各日房租, 非如一般之每星期結賬一次。愚父子住八晚雙人二床房, 房匙還未到手, 即時卻要結賬169,600円, 有點愕然。

函館小市, 不若東京大城。除了駅站或百貨公司大樓的食肆外, 街頭食店, 禁煙殊少。是夜在酒店附近找不到有禁煙區的食處, 唯有在酒店隣街的Seven-eleven, 買砵Oden充饑。咦, 竟又價廉物美喎!

## (二)

七月十日清早, 步往隔街之遙的魚市場逛逛, 發現市場街內有「米之連」級而又全店禁煙的「ラに丼」, 決在此晚飯, 遂先訂座焉。

稍後, 往乘電車去遊五稜郭公園。電車古舊多, 明治時代落地百年今仍投入服務的, 亦有一兩輛。日人保護國家歷史文物的堅定和熱誠, 愚父子佩服個五體投地!

午餐則在「函館麵厨房」本店吃拉麵。拉麵味道不錯, 惟以豬骨湯底及叉燒而言, 遠不及2010年在札幌貍子路「一國堂」的甘濃鬆肥好吃。不過, 此本店特有的炸雞件, 卻是好味到不得了, 且450円一大牒, 吃來確有點感動! 拉麵每碗1050円, 亦甚合理。

(拉麵)

(炸雞件)

黃昏在「うに丼」吃活小魷魚刺身、燒Mackerel魚, 及超好吃的白汁焗海膽, 父子狂吞了三個, 極之暢快。埋單, 嘻嘻, 不過6500円耳。

(小魷魚刺身)

(白汁焗海膽)

(三)

七月十一日早, 先往魚市場的「惠比壽」吃早餐, 點了燒銀鱈魚、毛蟹湯、牛油燒帶子和烤海膽。牛油燒帶子和烤海膽極之美味, 往遊者若不去試試, 會是個損失!

(牛油燒帶子)

(毛蟹湯)

(烤海膽)

餐後往函館纜車站登函館山, 瞰函館市全景。落山後, 遊附近教堂區, 參觀了聖公會教堂、天主公教堂、東正教堂。午飯於教堂區的「久留葉」, 吃最傳統的蕎麥麵定食。麵麥味濃, 最為突出。定食有大蝦和鮮蔬天婦羅, 都炸得極好, 果名店也! 埋單兩人3,800円, 一點不貴。

(天主公教堂)

(蕎麥麵定食)

回酒店稍休息, 黃昏往魚市場看有何好食處。才知魚場及食肆, 下午五時後都關門休息了。還幸有一兩間仍做生意, 遂在設有禁煙區的「いくら亭」吃北海道魚生定食,水準一般耳。 兩客合計4,300円。

(明治時代電車)

(北海道魚生定食)

七月十二日往遊舊英國領事館、寫真博物館、舊函館區公會堂、函館北洋資料館及北海道文學館。午在酒店附近之「函館麵厨房」分店吃拉麵, 晚在酒店附近百貨公司樓上的食堂吃豬扒定食和蛋包飯, 都無甚特別。

(四)

七月十三日早, 在酒店對面的巴士總站乘巴士前往天主教熙篤會(Cistercians)特拉普派(Trappist) 女修道院。修道院亭園清幽, 遊人不絕。惟修女所住大樓, 從來重門深鎖, 謝絕遊客。可天主垂憐, 愚父子在大樓門前, 巧遇女院長, 竟蒙破例, 由老修女帶領進內參觀。屋內寧謐安和, 確一片人間淨土! 緊隨老修女靜靜地走過狹矮的羊腸小廊, 到達一小聖殿。父子在殿外側旁下跪默禱, 求主賜予內心的安寧, 愛妻在天國幸福。

修道院外數步之遙, 有小店專售修女自製的牛奶雪糕。嘩! 好味絕頂!

午在「やたら家」本店吃蕎麥麵定食。定食除了有麵和好味的天婦羅外, 竟尚有一份極鮮美的鰻魚飯! 十分驚喜! 兩人結賬3,800円, 抵到爛啦! 飯後遂往函館市政府參觀, 有助消化焉。

(女修道院)

(蕎麥麵定食)

七月十四日, 往遊函館市立函館博物館及國華山高龍寺。午在愈百年歷史的「蕎麥藏」吃即時打製的蕎麥麵定食。麥麵無甚特別, 可天婦羅蝦是勁大隻。晚飯則於函館駅上的食堂, 草草各吃個炸豬扒蛋飯加碟叉燒了事。

(蕎麥麵定食)

(炸豬扒蛋飯)

(五)

七月十五日早, 乘JR高速火車前赴青森。抵埗後即往車站附近之「青森魚菜場」本店午膳。小兒先往購30張食物券, 每張100円, 可在場內不同魚檔換魚生。一劵換普通魚生一大片, 兩劵則換吞拿魚腩(Toro)。父子大啖大啖, 共吃鮮美肥Toro十大件, 鯛魚魚生十大塊。肚子填飽, 每人才不過1,500円, 真係爽爽爽!

(吞拿魚腩)

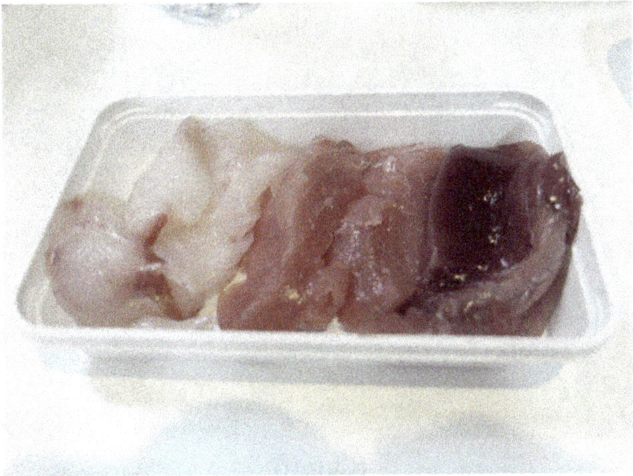

(鯛魚等魚生)

餐後往遊青森海濱及海傍的青森縣觀光物產館。再往隣近之「八甲田丸博物館」觀覽。丸旁同時停泊着一艘日本海上自衛隊的艦隻。岸邊豎了塊「津輕海峽冬景歌謠碑」, 站在其前, 它會自動播隻青森市歌你聽, 都幾得意嘅。

七月十六日, 午在「惠比壽」吃燒鰈魚及尖魚定食。晚則再往Seven-eleven買Oden作膳。足二人份量的一大碗Oden, 有魚餅、香腸、蘿蔔、腐皮年糕..., 不過815円, 味道挺不錯哩!

(尖魚定食)

(Oden)

七月十七日早, 乘的士往機場, 搭全日航直飛大阪。票價與東京飛函館相同, 不贅了。大阪食如何, 請續看大阪與附近城市之篇可也。

# 大阪(附京都、奈良、神户)

## (一)

二零一五年七月十七日早, 國鍵父子乘全日航(ANA) 自函館飛大阪。午後到達大阪伊丹國際機場。時颱風剛已掠過, 繼之暴雨。即乘的士(約8,000円)入住梅田駅附近之ANA Crowne Plaza酒店。雙人房兩單人牀, 宿費平均每晚26,000円。梅田駅乃遊大阪鄰近名都的火車交通樞紐, 且新開張有2012年愚父子在大阪難波駅愛上的「東洋亭」洋食店分店, 住此酒店, 食遊兩便也。

安頓之後, 雖下大雨, 仍步往梅田駅阪急百貨12樓看看有否「東洋亭」, 哈哈, 果然有嚅! 晚飯, 當然就在此店懷舊啦! 父子點了國產番茄沙律(原個番茄內加吞拿魚碎沙律醬, 每個380円)、燒牛扒(2,220円)、蛋包飯(1,280円), 味道不錯。可惜最想吃的百年蛋布甸, 早已售罄, 有點失望。

(番茄吞拿魚碎沙律)

(燒牛扒)

(蛋包飯)

(二)

七月十八日往遊京都。誰知依當地規矩, 特大暴雨後, JR火車須停駛24小時以檢查路軌! 幸有JR好心女職員, 告以阪神電車仍然運作。遂趕乘阪神往京都矣。

抵達京都烏丸御池駅, 轉車直赴京都「東洋亭」百年本店午膳。是日星期六, 兼逢長周末假日的第一天, 座無虛席的「東洋亭」, 沒信心搵到位。豈知十一時半到達時即可入座, 真個幸運了。是JR停開的緣故麽?

「東洋亭」午餐較晚餐更抵食。因為, 主菜之外, 午餐奉送牛油麵包、原個番茄沙律、百年蛋布甸、熱紅茶或凍檸茶! 父子點了該店「鎮店之寶」鐵板國產牛漢堡扒、炸豬扒。漢堡扒味道算好, 反而豬扒用的是萩原畜產豚, 肉質甘香鬆軟, 尤勝2012年在東京銀座「梅林」所吃的, 誠意外之喜悅也。至如蛋布甸, 入口細滑, 蛋味勁濃, 讓人念念不忘。愚父子今趟重遊大阪, 吃此布甸其一因也。結賬合付3,542円, 超值到極啦!

(漢堡扒)

(萩原畜產豚)

(蛋布甸)

餐後往遊京都文化博物館、京都國立博物館、方廣寺遺址。閣下若對書道或佛教造像藝術有興趣, 必大有收穫焉。

傍晚乘阪神電車返大阪, 在梅田駅內的「司」吃鰹魚定食。鰹魚尚不錯, 可其中的豚角煮則肉質瘦韌, 水準稍遜2012年矣。

(三)

七月十九日早, 乘JR火車再往京都。在京都駅搭的士去清水寺, 收費1,250円。遊罷清水寺, 於寺外清水坂的「順正」吃豆腐火窩定食。定食除凍豆腐、鮮蔬天婦羅、漬物、白飯等外, 以在熱窩中微滾的豆漿表層, 用小木支把剛結成的鮮薄腐皮捲起再蘸醬汁吃, 最覺新奇。豐富的一頓素飯, 埋單兩客4,320円耳。愛好素食者, 萬勿錯過喎!

(豆腐火窩定食)

飯後遊高台寺, 看靈山觀音大像。復經明治維新時坂本龍馬等人起義處「翠紅館」, 行過陡斜的維新道, 到達坂本龍馬墓地「靈山護國神社」, 再往社側之「靈山歷史館」, 又去法觀寺睇五層塔, 行到氣都咳。

於京都駅錯登子彈火車快速返大阪後, 往阪急百貨12樓之「吹上舍」, 吃薩摩鶏親子飯、燒薩摩鶏翼。雞味濃, 惜肉質較韌, 冇牙力如我者, 少食為妙了。

(薩摩鷄親子飯)

(燒薩摩鷄翼)

(四)

七月廿日, 早乘JR往奈良。先在法隆寺駅下車, 遊法隆寺。午乘JR往奈良駅, 在駅內之「彌生軒」進膳。軒內掛有蔡瀾所書「彌生軒」橫匾。父子吃了個涼瓜炒蛋定食和鐵板牛柳定食, 合付1,510円耳。日本涼瓜(苦瓜) 汁多甘爽, 炒來又甚有「鑊氣」, 不錯不錯!

(涼瓜炒蛋定食)

(鐵板牛柳定食)

飯後遊奈良國立博物館、興福寺後, 遂返大阪矣。晚飯當然又係平靚正的「東洋亭」。點了煎大山鷄腿、燒京丹波高原豚, 加兩個番茄沙律, 共4,691円。

(煎大山鷄腿)

(燒京丹波高原豚)

七月廿一日早, 乘JR往神户。在三ノ宮駅下車, 轉地鐵抵縣廳前駅, 往遊相樂園。之後返三ノ宮駅溜躂一下, 在駅站附近之Sogo百貨地庫「大井肉店」附設之烤肉店, 吃正宗的炭燒神户牛柳定食, 即燒即吃, 雖非頂級的那一Cut, 味道已是甚佳, 兩客收費2,376円。咁嘅價錢而得嚐正宗神户牛柳, 咪話唔抵嘢!

(炭燒神户牛柳定食)

(鴨店?)

是晚覓食處, 又係「東洋亭」。由於返大阪稍早, 下午四時五十分便往訂座輪候。五時十五分入座, 誰知夥計拿來的是奉送麵包、沙律、甜品、餐茶的午餐牌! 問何以故? 呵呵, 原來午餐至下午五時, 凡五時前輪候者, 俱作午餐計。 如此誠實而無欺, 能不感動麼?

父子遂點了兩客炸舌平目魚(大概是幼鱗鰨沙), 牛油和麵包自己打包拿走。魚極新鮮, 炸得又好。埋單兩人僅3,400円耳, 哈哈哈, 有點唔好意思添!

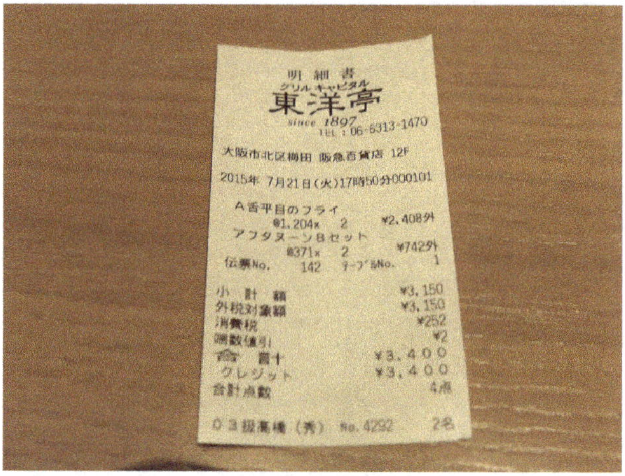


炸舌平目魚

(五)

七月廿二日, 收拾行裝。午膳於阪急百貨13樓之「松屋」, 吃烤黑毛和牛定食(頂級Cut)。在爐上自烤自食, 極其好味。人說黑毛和牛肉味更勝神户, 果然果然! 定食除四塊頂級Cut外, 尚有牛脊、瓜蔬、麵豉湯、漬物、沙律及相當好吃的紫菜牛油炒飯, 豐富之極。午餐價, 埋單兩客承惠9,960円。在香港或多城, 此價肯定食唔到啦!

黑毛和牛定食

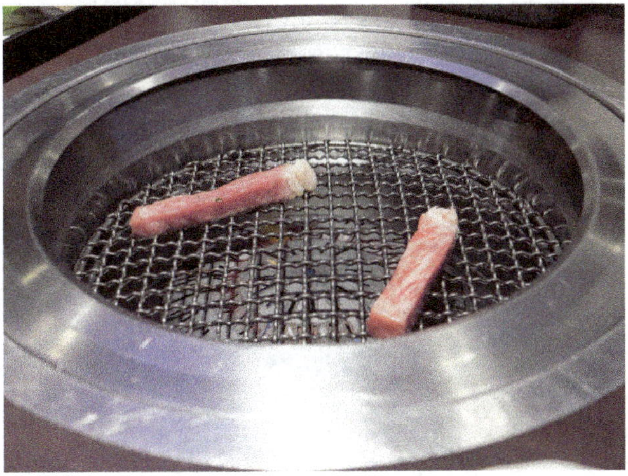

晚飯繼續「東洋亭」。由於有着數, 當然在下午五時前去到。這趟主菜點了炸舌平目魚和蝦沙律, 都好, 祇是沙律牒頭唔多夠耳。

(六)

七月廿三日午前, 乘機場巴士往大阪關西國際機場, 飛赴温哥華, 繼續旅程, 探望好友, 特別是四年前在多城為愛妻主持殯葬禮現任温哥華天主教聖方濟堂主任司鐸的李志雄神父。

李志雄神父

聖方濟堂, 彌撒後

登機前, 在機場內的「KYK Restaurant」, 竟吃得美味的炸鹿兒島黑豚定食。憶2010年與愛妻及小兒遊札幌, 吃過鹿兒島黑豚的豚角煑, 印象深刻。今有緣再吃, 百般滋味在心頭也! 兩客付銀3,460円, 不貴不貴!

炸鹿兒島黑豚定食

鹿兒島豚汁

餘可一述者, 乃日產水果、麵包、蛋糕、菓子, 皆屬一流, 天天愛吃。於是乎, 各日早餐, 大多在酒店內品嚐預購的水果, 加個麵包或蛋糕或紅豆大福餅, 佐杯甘澀的熱綠茶, 亦係一大享受也。

(七)

曾聽日本人說, 食材加醬油等於味道。無怪日人對食材之新鮮、醬油之優質及傳統烹調方法之承傳, 都認真到近乎執着。裏面所表達的, 正正是日人對烹飪技藝的一種無上的專注和尊重; 內藏的, 也是對款待客人的一份深摯的真心與誠意。日本飲食界這種真誠無欺的傳統精神, 際此魚目混珠但求發財的詐騙年代, 尤令人衷心敬佩。此日人在漫畫和日劇以外, 另一相當厲害之「軟實力」乎?

二零一五年十月潘國鍵記於多倫多如心齋。繁楓錦繡, 天猶未寒。

# 續東瀛紀食

## 名古屋 I

(一)

二零一八年七月，愚父子再遊東瀛。美食之餘，頗覽古剎殊勝、書道遺迹，亦一樂也。

(二)

七月三日，乘加航自多城經温哥華，四日黃昏抵達名古屋。入住栄駅附近之The B Nagoya Hotel，平均10500円一晚，智能電話免費借用。太累，買沙律填肚了事。

五日早上，與來自香港的老同學石廣發兄、崔格成兄兩家在酒店大堂集合，一道往遊名古屋城。午膳於栄駅三越百貨樓上之「一番炸豚」，吃味噌炸愛知縣三元豚定食(1500円)，另加茶碗蒸，皆甚有水準。聽說炸豬扒配以味噌醬，乃名古屋的地道吃法，味道果然不錯。

飯後與崔兄往遊名古屋市博物館。三家人晚膳於栄駅 La-Chic 商場樓上之「鯛めし八十八商店」，吃茶漬等鯛魚定食，各付1650円加稅。魚甚鮮美，惟待客態度則麻麻哋。

味噌炸愛知縣三元豚定食

鯛魚茶漬定食

鯛魚定食

(三)

七月六日，雨。早乘的士往德川美術館及德川園。園景甚美，值得一遊。隨乘的士午膳於栄駅松坂屋側之「しら河栄」，吃鰻魚飯定食。名古屋鰻魚較瘦，殊不及函館金澤的肥美。二人合付6180円，倒不算太貴。

飯後往遊熱田神宮。傍晚與石崔二家會合，在名古屋駅附近之「紗羅餐」吃天婦羅蕎麥麵定食。臨別依依，掛住傾偈，祇記起蕎麥雪糕極為可口。餐錢? 大概各1800円有找吧。唉 ，大家都年近古稀，但祈各自保重，來日能有機會再見焉。

鰻魚飯定食

天婦羅蕎麥麵定食

# 京都 (附奈良、宇治)

## (一)

七月七日，清早乘子彈火車往京都。隨搭的士往淨土宗之西本願寺。日人新招，在京都駅前，別置一專為遊客而設之的士站，你幾乎唔使輪候即可上車。到達西寺，不過650円，真個省時省力也。

午乘的士回京都駅。見其旁 Porta (京都駅前地下街)竟有心愛之「東洋亭」，喜甚。選了煎牛扒套餐(3000円)和煎大山鷄套餐(1800円)。牛扒不錯，鷄扒煎得皮脆肉香。加上原隻國產番茄沙律和久違了的至愛百年蛋布甸，能不滿足耶!

餐後入住京都駅側之 Kyoto Century Hotel。訂房時適值六折大減價，每晚平均17025円耳。酒店房間舒適，冷氣冷而特靜。智能電話亦免費借用。且位處駅站，出入方便。

晚吃駅站伊勢丹地庫熟食檔的味噌煮大龍脷(1200円) 及野菜沙律。一宿無話。

煎牛扒

煎大山鷄扒

百年蛋布甸

味噌煮大龍脷及野菜沙律

(二)

七月八日，熱。早乘的士往東寺，690円耳。寺內一大片荷塘蓮花盛放，花紅葉翠，襯以遠處的五重塔，景色一絕! 此寺屬真言宗，乃著名之弘法大師空海所建，歷千百年矣。寺內觀智院之園景，亦甚養眼焉。

自東寺乘的士往城南宮，花費1700円。可惜無景可賞。宮內所謂蘭亭「流觴曲水」，不過荒溪一條。入場費又不平宜，即時呻笨。惟幸午飯於其對面之「京都南 inter 食堂」，價廉物美。選了炸茄子、洋葱豚肉、炸鷄肉、薯仔炆牛肉、鹽燒全條 Stickle Back 魚，二人份量，也不過1620円! 好吃得很，算是補償啦!

飯後步往竹田駅回京都駅。太飽，在志津屋買了兩份馳名的炸豚三文治，加兩盒盛盛便利店的沙律，便算晚餐了。三文治呢，倒不知其何故馳名也。

茄子、豚肉、鷄肉、薯仔牛肉、鹽燒全條魚

炸豚三文治

(三)

七月九日，酷熱。早乘JR往宇治。先遊宇治橋、平等院，再逛宇治茶街，買宇治茶。午於茶街之「地鷄家」用膳。吃了鷄串燒、炸赤地鷄定食，十分好味。埋單共2560円，不錯不錯。

飯後乘JR往遊萬福寺。站在寺門門前，即覺涼風迎臉。佛家清涼地，與世間之苦熱，確有天堂地獄之別也。

黃昏返京都駅，買得芝士撻，亦甚甘香。復在伊勢丹買了豚角煮、串燒國產牛、味噌煮大龍脷、京都蓮藕沙律，合4000円，返酒店開大餐。好吃好吃!

鷄串燒 、 炸赤地鷄定食

芝士撻

豚角煮、國產牛、煮大龍脷、蓮藕沙律

(四)

七月十日，酷熱。早乘地鐵往法華宗之本能寺，參觀織田信長遺物。信長書法，頗得唐代釋懷素之神髓。隨遊寺側寺町通商店街，在鳩居堂本店睇毛筆印泥，合心水的甚少。反而在街內名店「三嶋亭」吃散賣的炸牛肉餅(550円兩件)，味道好得難忘。再往街側另一名店「鳴門鯛燒」吃著名的紅豆鯛形燒餅，皮薄餡多，豆泥甜滑，哈哈，想話唔滿足都唔得囉!

之後往隔街專賣文房四寶之「書遊」，竟買得兩両裝正牌西泠印社「箭鏃」印泥，實不枉此行矣!!

午後乘的士往京都大學。傍晚返京都駅，在附近之「七番館」吃法國菜。點了煎松坂豚和煎鯛魚。厨藝尚可，恨碟頭太細。花了3600円，卻仍要去盛盛便利店買盒沙律，才算填飽了肚。

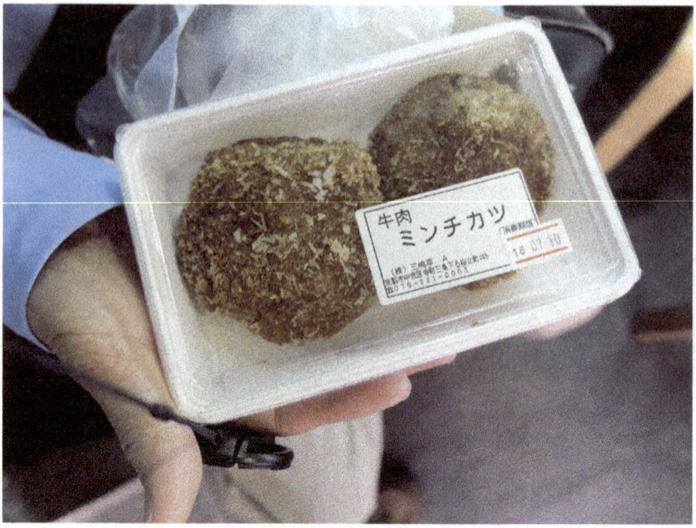


炸牛肉餅

紅豆鯛形燒餅

煎松坂豚

煎鯛魚

## (五)

七月十一日，酷熱。早吃志津屋紅豆大餅，即乘近鐵往法相宗之藥師寺。此寺乃天王紀念唐玄藏法師而建，寺內新豎中國所贈唐褚遂良書大唐三藏聖教序碑，小兒見之大喜。

近午，乘的士往律宗鑑真法師所建之唐招提寺。寺圍牆甚矮，斯乃唐風乎？回程時沒的士，徒步往大路巴士站。時氣温攝氏37度，暴日當空，不謂不苦也。

乘巴士至奈良駅，逛駅側商店街。舊地重遊，不無感慨。於街內「天丼まきの」吃天婦羅海鮮丼飯。炸物有原條鰻魚、特大蝦、墨魚帶子粒、京都野菜、原隻半熟蛋等。炸漿薄脆，食材極鮮。即叫即炸，飯又香軟。加上味似鰻魚飯的醬汁，真係好食到難以形容。再各加蛤湯，與飯後奉送之黑豆茶，俱是上品。果名店也！雖排大隊，值得值得嘅!! 埋單二人共3400円，真係抵抵抵!!

飯後在街內萬勝堂買草餅。復步往奈良縣文化會館看中日交流書法展。唉，不外如是耳。

食得太飽，步行兩小時沒能消滯。返京都駅在盛盛買兩盒京都蓮藕野菜沙律，算做晚餐啦。

紅豆大餅

天婦羅海鮮丼飯 、 蛤湯

(六)

七月十二日，攝氏39度，暴熱。早乘地鐵再轉的士往平安神宮及其神苑。景色尚可。復再乘的士往禪宗之銀閣寺，亦唐式建築也。

午在寺側小路之「楓花」吃洋食。廚師七十來歲，待客慇懃。點了牛肉汁蛋包飯及芝士鷄，俱見廚師功力。餐後乘的士往祇園，在八坂神社下車，步往淨土宗之知恩院。寺亦唐式，巍峩宏偉，氣度非凡!

遊罷知恩院，乘的士往奈良駅錦小路。此地六年前曾遊，景物依舊。小路兩旁各式檔口林立。遂品嚐了鹽燒香魚，味極甘鮮; 復加個難搵之草餅，暢快無比也! 最後往駅側大丸百貨地庫，買鹽燒香魚、熏豚沙律、日式蛋撻，晚回酒店吃罷就寢焉。

牛肉汁蛋包飯及芝士鷄

鹽燒香魚、熏豚沙律...

日式蛋撻

(七)

七月十三日，續暴熱。早乘地鐵轉嵐電車往真言宗之仁和寺。此寺氣勢恢宏，蓋亦唐式建築也。寺內庭園景色，甚為優美。且難得是日舉行「入山式」，有幸親睹，真箇有緣矣!

午乘嵐電車轉地鐵往奈良駅大丸，添吃日式蛋撻。黃昏返京都駅，在Porta 之 「東洋亭」晚膳。大山鷄套餐兩客，合3600円。

大山鷄

## (八)

七月十四日，熱到飛起。早乘地鐵轉京阪電車再搭叡山電車到達律宗鑑禎法師所建之鞍馬寺。寺院依山拾級而建，石級數以百計。暴熱之下，大汗淋漓，登山幾乎登到氣絕。可此寺既少景色，山頂所謂「靈寶殿鞍馬山博物館」，亦乏善可陳。真的枉花時間嘥脚力!

下山。寺前小路有小店曰「杉杉堂」者，賣鞍馬名物「山椒餅」，味道尚算不錯。

一番轉接，衣衫汗濕，黃昏返抵京都駅，即時去「東洋亭」歎番吓。點了蝦沙律、煎萩原畜產豚套餐，另單叫芝士煎原條平目魚加個百年蛋布甸。哦，才知套餐主菜份量通常衹得一半，蛋布甸也較散叫的細得多。哈哈，日人講公平，吃套餐未必有着數㗎。蝦沙律、豚、魚，都超級美味。至如番茄沙律和蛋布甸，不在話下啦!埋單不過4400円，確物超所值! 走時未到六點，門外輪候已人龍一大條。百年名店，成功殊非倖致也!

蝦沙律

煎萩原畜產豚

芝士煎原條平目魚

套餐蛋布甸較散叫的細

原隻國產番茄沙律

# 金澤(附富山)

## (一)

七月十五日，早乘子彈火車往金澤。午間到達，入住金澤駅附近之 Hotel Mystay (Kanazawa Castle)，因大特惠而每晚平均8800円。地近駅站，相當抵住。衹是房間太細小，頗懷疑大塊頭浴厠時能否轉身。

午膳於金澤駅側Forus 樓上之「金澤漢堡扒店」。點了加賀野菜漢堡扒定食，兩客2760円加稅，肉質和醬汁都好。各加賀漬物前菜，亦相當惹味。日人愛吃漢堡扒，無怪其門如市。

黃昏在駅上超市「神户屋」買了豚角煮、大蝦沙律、炸小白蝦沙律、野菜沙律作晚飯。味道一般啦。

加賀野菜漢堡扒定食

## (二)

七月十六日，攝氏35度，極熱。早上步行15分鐘往近江町市場。嘩! 魚檔林立，頗有函館光景。忙買了串燒帶子(500円)、串燒鰻魚(500円)，吃個痛快。金澤鰻魚，遠較名古屋肥美，好吃得多哩!

午在市場地庫，見有市民食堂，美食平到嚇死你。忙選了炸蝦、炸魚、鹽炸小魚、炸茄子，兩人份量，再加兩碗能登豚汁(湯)，才不過1200円咋! 幾乎食唔哂。

飯後乘的士往「前田土佐守家資料館」、「武家屋敷村」之「野村家」、武士街....。景色文物，俱甚可觀。無怪此處鬼佬遊客特別多也。

之後沿街步往大和百貨，乘巴士返酒店。晚在Forus 樓上「蛋包飯Tree」吃蛋包飯。水準一般，勝在清淡。埋單約2400円耳。

串燒鰻魚

炸蝦、炸魚、鹽炸小魚、炸茄子

蛋包飯

(三)

七月十七日，極熱。早上步行經近江町市場往金澤城。城樓尚算寬宏。頭頂梁木縱橫接駁，竟無一處是九十度角，建築上都算奇特。

隨後經尾山神社步返近江町市場，在裡面的「金沢おでん/いつぷくや」吃Oden(關東煮)。選了大螺、烤麩、大根、牛筋串。湯汁乃特濃鰹魚湯。各物炆得腍而入味。特別大螺頭，爽而不韌; 聽說此乃金澤名物，切勿錯過。二人份合計僅1800円，亦甚經濟也。至於其後另加兩隻炭燒蠔，多付1400円，則味道麻麻，有點不值。人說金澤蠔好吃，當真?

飯後步返酒店。晚與朋友一色學醫生在金澤駅附近之「長八」飯叙。「長八」乃醫生推介，是間較高級的食府。點了鹽煮枝豆、串燒能登牛、炸海膽蝦角、煎のど黑魚(赤鯥)、壽司。各道菜式賣相和味道都一流，不愧是名店。小兒請客，埋單14000円，又唔多貴嗒。

臨別，醫生叮囑，枝豆健康食物，血糖高者宜多吃。

Oden(關東煮)

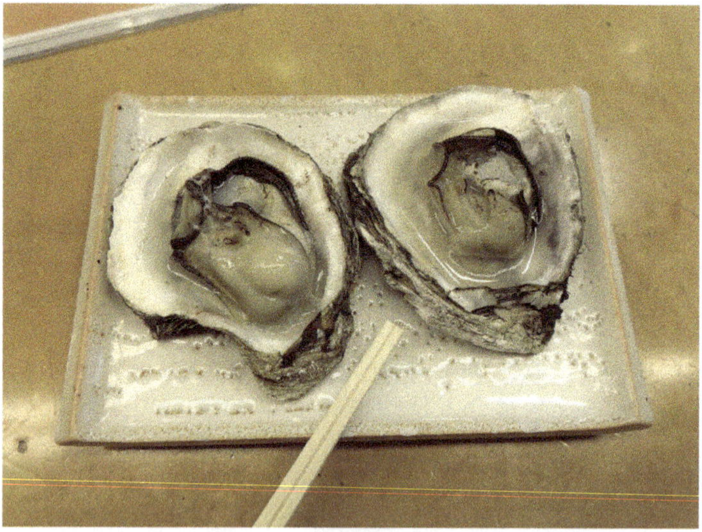

炭燒蠔

鹽煮枝豆

串燒能登牛

炸海膽蝦角

煎のど黑魚(赤鯥)

壽司

(四)

七月十八日，極熱。早上吃罷 Anderson 日式蛋撻，乘巴士去兼六園。聽說此日本第一公園也。但見公園得個大字，炎夏了無景色。暴熱之下，汗流浹背，且不幸早了一站下車，倍加索氣。真係不去也罷!

離兼六園經金澤神社步往石川縣立美術館。在館內吃得著名糕點師Lemuseedeh 之蛋糕卷及加賀野菜芝士包。蛋糕離奇鬆軟，蛋與忌廉配合得恰到好處，果名師也! 吃後條氣亦稍順焉。

遊美術館後，步行往石川縣立歷史博物館。展品頗多，亦值一看。回程步經無甚可觀頗覺搵笨之金澤市立中村紀念美術館，乘巴士返酒店。

晚膳於酒店對面之「この花」料理。家庭式經營，十分地道。選了刺身(1800円)、蛋卷(800円)、炸小白蝦(800円，金澤名物也)、鹽燒原條赤鯥(2200円)。連稅承惠5800円。食材極其新鮮，烹技亦屬一流。價錢合理，沒有去錯。

日式蛋撻

蛋糕卷

刺身

蛋卷

炸小白蝦

鹽燒原條赤鯥

(五)

七月十九日，熱甚。早乘巴士往東茶屋街。此街多的是藝伎遺迹。先參觀「志摩」屋，頗覩日本傳統藝伎風貌。其後參觀「懷華樓」和製造金箔器皿之「ひかり藏」，則僅見俗氣耳。至如「お茶屋美術館」，展物奇少，枉花入場費也。

午在此街著名洋食店「自由軒」吃馳名之燒和牛定食。和牛半生熟，燒得外脆內軟，味道上佳。鎮店菜色，豈是虛傳! 找數二人共3300円，亦抵食之極。

餐後步往搭巴士，途經一店曰「金澤烏雞庵」，買了個「烏骨鷄卵布甸」(540円) 吃。咦，布甸蛋味之濃，入口之滑，竟勝過「東洋亭」的百年布甸! 誠意外之驚喜也!

晚在金澤駅上之「駅の藏」居酒屋用膳。點了金澤野菜天婦羅(745円)、Oden(745円)、治部煮(炆鴨胸，金澤名物，1058円)、能登魚醬燒原條鯖魚(853円)、鷄串燒(590円，兩串)、醬麴鐵板能登豚(1026円)，咪話唔豐富。嘻嘻，美味佳餚，多吃何妨。埋單5017円，一點不貴。

燒和牛定食

烏骨鷄卵布甸

Oden

金澤野菜天婦羅(745円)

治部煮

能登魚醬燒原條鯖魚

鷄串燒

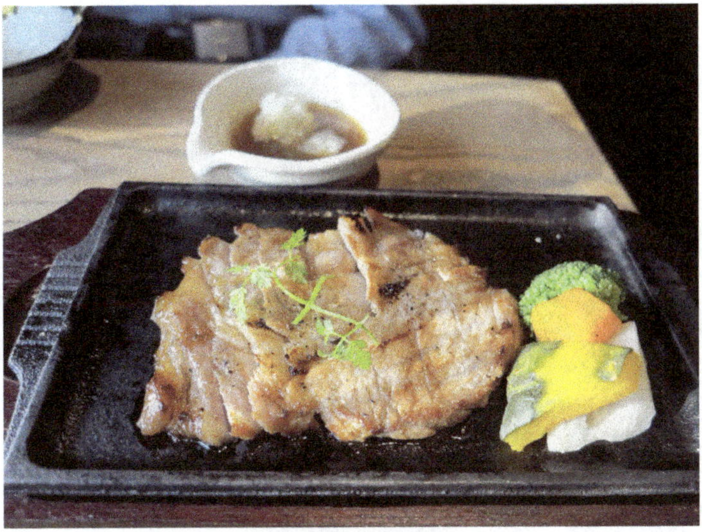

醬麴鐵板能登豚

(六)

七月廿日，熱極。早上吃過好味的金澤烏鷄庵的烏骨鷄蛋糕後，乘巴士往西茶屋街。除了西茶屋資料館外，餘無可覽之處。遂步往妙立寺焉。回程時，不意路經日本唯一尚存的竹筆店「金澤竹筆の里」，實喜出望外也! 竹筆者，乃削竹端以為「竹毛」之毛筆也。即時蘸墨試寫，得心應手。立買一枝收藏焉。

步往極樂寺，乘巴士返近江町市場。在其側之Bambi 洋食店午膳，吃此店聞名之「Hanton」定食。Hanton內有天婦羅特大蝦、漢堡扒、蛋包飯、魚骹湯....。炸大蝦和魚湯那一大塊鮮魚骹，最讓人回味。聞說此乃金澤地道洋食，和洋配搭，甚為特別。二人合付3000円，抵食夾大件啦!

飽滯。在市場對面之Meitetsumza百貨地庫買了條燒赤鯥(596円)加兩盒野菜沙律，謂之晚餐焉。

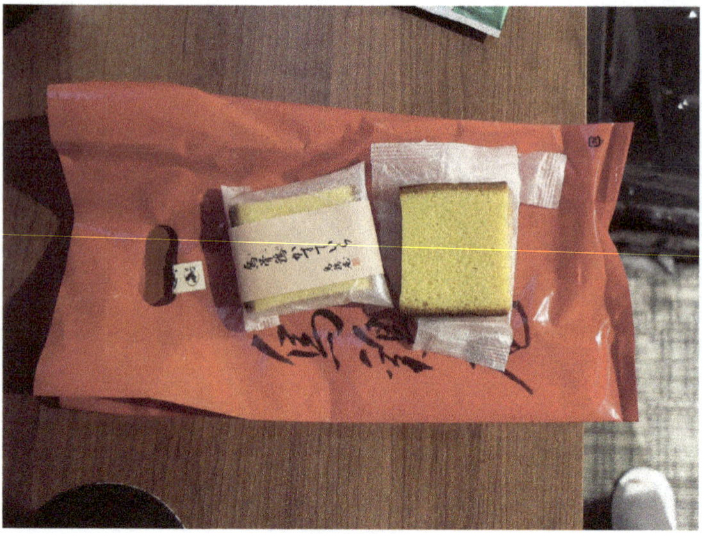

烏骨鷄蛋糕

Hanton 定食

燒赤鯥

(七)

七月廿一日，極熱。早乘IR(石川鐵道) 往富山駅，乘的士往富山城，參觀城側之富山城美術館及博物館。然後乘的士返富山駅，在駅旁的食街，買得富山名物鱒魚壽司及Lemuseedeh限日發售的芒果奶油蛋糕撻作午餐，皆好味之極。之後又在駅側超市買了平到你唔信的炸小白蝦、醬油鷄翼、沙律、甜桃，乘IR晚返酒店用餐。金澤鷄肉質一般較韌，不吃無大損失。反而沙律裡面那兩塊高野豆腐，味道甚得人愛!

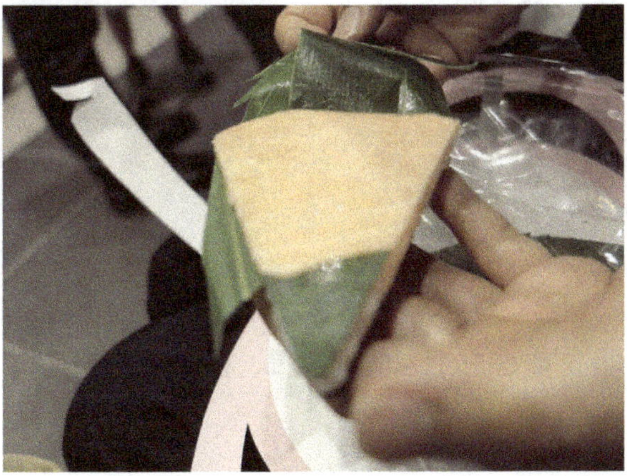

鱒魚壽司

芒果奶油蛋糕撻

炸小白蝦、醬油鷄翼、高野豆腐...

# 名古屋II (附伊勢)

(一)

七月廿二日，甚熱。早乘子彈火車返名古屋。名古屋攝氏39度，酷熱難抵。幸近午在車上吃過在金澤駅預先買定的「金鱒壽司」及「鯖魚壽司」，不至於饑熱交迫。若言鱒壽司，則還是以富山的好吃。

三小時車程到達名古屋，復入住栄駅之 The B Nagoya Hotel，亦10500円一晚。黃昏在栄駅LaChic 七樓「一升びん」吃正宗的炭燒松坂牛。點了「特上」(5800円)及「普通」(3000円)各一，吃來肉味稍羶，啖啖牛膏，得個肥膩兩字。還是黑毛和牛好吃啲。連稅合付9500円。小兒話值，我則不然。結果還要去栄駅盛盛便利店買砵沙律醫肚。

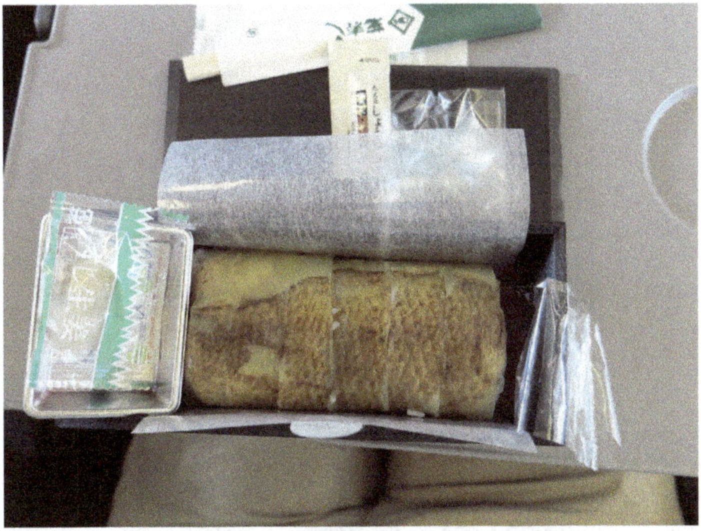

鯖魚壽司

金鱒壽司

炭燒松坂牛

(二)

七月廿三日，攝氏近40度，暴熱。早乘近鐵特急往伊勢。經個半小時到達伊勢市五十鈴川駅，乘的市往伊勢神宮之內宮。才下車，揮汗如雨。僅在內宮鳥居和宇治橋拍個照，再往內走一會，便去宮側おはらい町街之「海老丸」吃海鮮刺身丼飯定食。魚蝦俱極鮮美，愛吃刺身者無妨一試。飯則稍覺粗硬，醬汁一般，遠遜奈良「天丼まきの」之丼飯矣! 若論米之香軟呢，名古屋及金澤地區，俱不及京都奈良也。二人共付5460円，都算抵食啦。

飯後乘的士往神宮徵古館。古館擺放了伊勢神宮舊日大部份重要文物，信乃研究日本神道教者必遊之處也。

之後乘的士往伊勢市駅。在駅前外宮鳥居拍照後，遂乘JR快速，返回名古屋。晚在酒店對面之「黑豚らむちぃ」吃味噌炸鹿兒島黑豚。豚肉甘鬆，味噌一流。加以葱粒特多，再配以大根漬物，吃個不亦樂乎! 且因唔要定食，各減500円。埋單僅4900円，能不開懷?

海鮮刺身丼飯定食

味噌炸鹿兒島黑豚

(三)

七月廿四日，奇熱。沒法子，衹好乘的士往逛大須觀音商店街。的士費610円，好過搭地鐵。遊罷真言宗的大須聖觀世音寺，順往街側之「互樂亭」祭肚避熱。揀了碗叉燒拉麵。叉燒炆得入口融化。惟湯用豉油，麵非手打，遠不及札幌貍小路「一國堂」之三大片甘鬆豚腩厚切，半隻熟蛋糖心，湯則濃郁豚汁，吃得令人感動不已。不過，此處收700円一碗咋，勝在廉宜啦。

餐後乘的士往松坂屋南館，一於户內活動。不意館內購得日本製造Omron 手腕血壓計(9000円)，亦此行之一大收穫也!

近晚在松坂屋地庫買了赤福餅、鹽燒鯖魚、炸大龍脷，加兩盒盛盛沙律，合約3500円。此趟遊日之最後晚餐，遂於苦熱中草草了事焉。

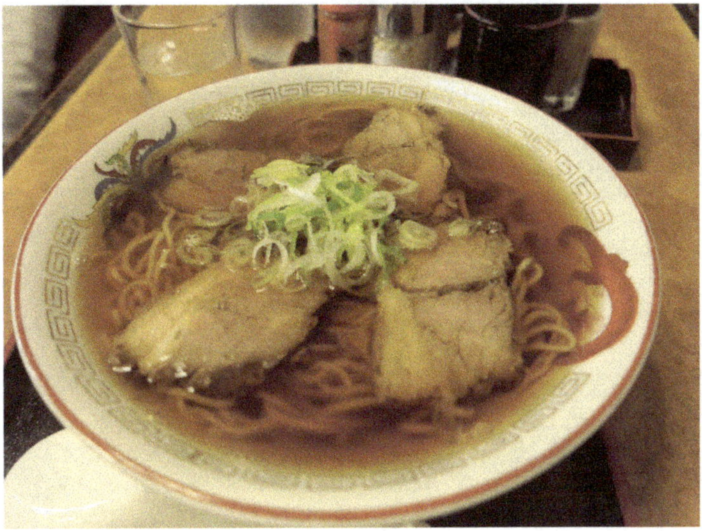

叉燒拉麵

鹽燒鯖魚

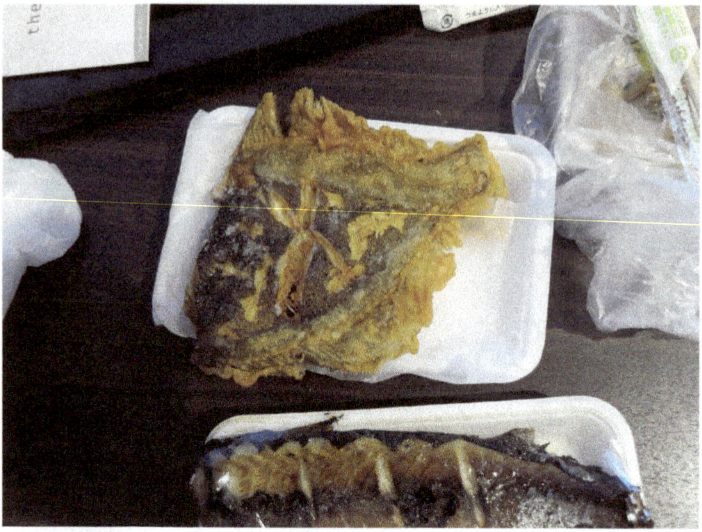

炸大龍脷

野菜沙律

高野豆腐炊

赤福餅

(四)

七月廿五日，續暴熱。早乘的士往金山駅，轉乘名鐵特急抵名古屋機場。機場內有行李托管服務。兩大件行李收費500円，真好。

兩手空空隨處逛。忽發現有「まるは食堂」，話係專售伊勢海鮮定食。立往幫襯。點了兩客天婦羅老虎大蝦定食(各1450円)，再加兩條炸原條鰻魚(共850円)，飽到不得了。然而，若言味道，甚為普通。伊勢海產，似又未必樣樣都好。

登機。機才滑動，自機艙偶望窗外，赫見正撤離的五位地勤機械師，忽地列排肅立，九十度鞠躬，再而揮手道別。日人尚禮，足見一斑!

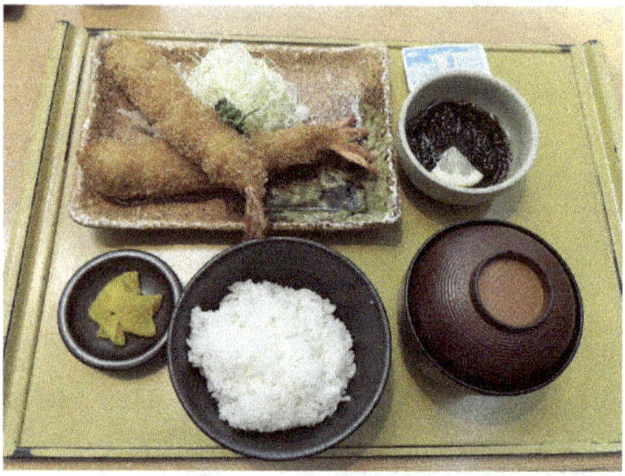

天婦羅老虎大蝦定食

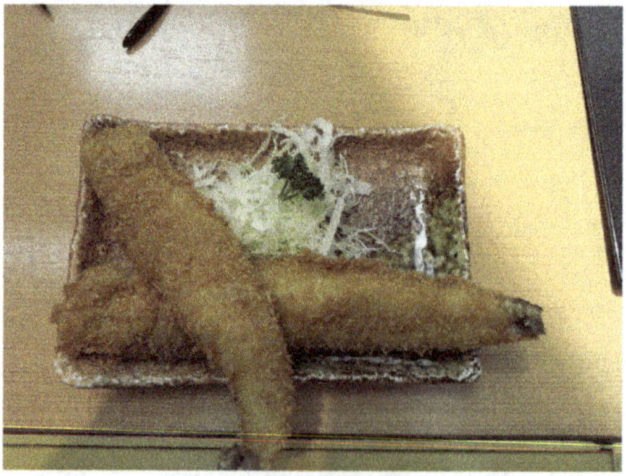

炸原條鰻魚

日人尚禮

(五)

此行所見，飲食較以前貴，尤其水果。京都歐美遊客則比舊日多。而日本年輕一代英語之差，最令人驚訝。例如在京都，large有唸作last; 在金澤酒店，morning buffet 誤作mourning buffet; 駅前嘗見一 non-stop bus， 車身錯印作non-step bus 等等，大家竟是視若無睹。 2020東京奧運大量外國遊客，真不知其如何應對也。

二零一八年九月國鍵記於多倫多如心齋。雖則仲秋，夏意仍濃。

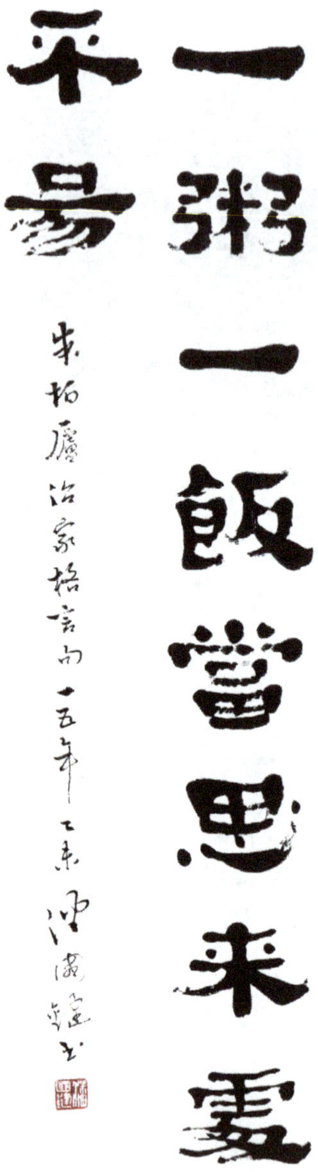


潘國鍵隸書朱柏廬治家格言句
水墨紙本 93x34cm 2015年乙未

# VI. 雜說篇

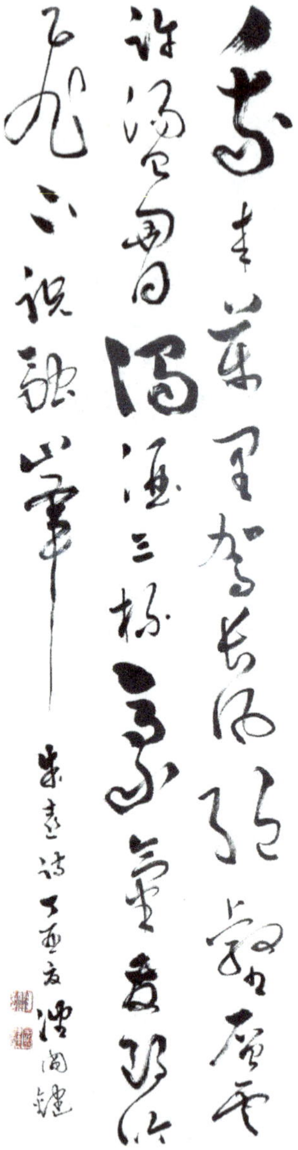

潘國鍵草書朱熹醉下祝融峯作

水墨紙本 109x35cm　2017年丁酉

## 正氣, 是養還是存?

(一)

臺灣中正紀念堂有國父孫逸仙書蔣介石所撰聯句:「養天地正氣, 法古今完人。」民國兩大統治人物,對現代中國讀書人之心存正氣, 樂觀得可以。何解? 蓋氣倘不存, 何談乎養?

(二)

不幸的是, 若從中國政治史觀之, 則中國自公元十世紀宋代以來, 讀書人有否正氣, 竟也是個迄今仍須探索的問題。養? 哈哈, 可更遙遠了吧!

(三)

孟子曰:「吾善養吾浩然之氣。」「浩氣」人皆有之, 此所謂良心也。若失良心, 與獸無別。恰如基督教謂, 人皆有靈, 無靈動物, 類屬禽獸。

「浩然之氣」, 文天祥《正氣歌》稱之「正氣」。文氏處身公元十三世紀南宋亡於蒙古之際, 一句「時窮節乃見」, 哀歎的正是仁義道德常掛嘴邊的所謂讀書人,平素是如何之無良。亦宋人朱彧《萍洲可談》卷一記賈袞謂京師「百物踴貴, 只一味士大夫賤」。唉, 讀書人呢, 不到了國亡「時窮」的絕地, 正義之氣節也不會見現。且就真的流露出來了, 亦屬稀之而又罕。況乎酒肉昇平, 又或那讀書人仍有半啖飯吃還未至於時窮, 卻是禮崩樂壞不談氣節但求保位的衰亂時代?

(四)

宋明理學講「存天理, 去人欲」。可惜所謂心存天理正氣, 在士大夫圈子裡面, 愈講而愈薄。近代史所見, 百份比恐近乎零。宋明黨爭, 再加上明清兩代殘酷的文字獄, 讀書人早給磨成個為求生存、為謀利祿, 可以不擇手段、埋沒良知的行屍走肉。正義之氣? 可換飯吃麽?

為求生存, 無良變得合理。結果當然就成了個毛主席筆下依附貴勢、為官家塗脂抹粉的「皮之不存, 毛將焉附」的「臭老九」。今日，讀聖賢書若真效法修德修身去除人欲的聖者「完人」？這才真的完蛋囉!

(五)

文天祥沒曾為吾民族培養正氣。他之所以名垂丹青，也不全在於他的寧死不肯降元，為宋室殉節，卻在於他的犧牲性命，為吾民族及擅長文字抹黑墮落不堪的無良士大夫階層，稍稍保存了一點正氣。

衹要正氣猶存，民族復興就不會絕望。千年以來極權專制下既無正氣可養，對於少得可憐卻肯為民族保存正氣而受苦受難的仁人志士，國鍵能不肅然起敬？吾族前途，靠賴你們啦!

(六)

存天地正氣，法古今完人。氣當先存而后能養也。此所以國鍵書此聯句時，捨「養」用「存」。平仄考慮之餘，覺其更切合今之世情也。

二零一三年孟夏之月眇人國鍵書於如心齋。遙思神州，心有所感。

## 覆諸友函: 佔路、辛詞、教會(節錄)

(函一)

C賢兄尊鑑:

香江「佔路」困局,賢兄有才有財有地位,尚覺無策,遑論不學無術壞鬼書生之國鍵?「燭 之武退秦師」?弟少時頑劣,常唸作「卒之冇退秦師」,哈哈,還是算了吧! 香港今日難題,不但由於政制爭議,且尚隱藏着一股強烈的中港兩地生活態度/價值觀/道德倫理等文化衝突的怨氣。解決之方,當然不 能一味單靠「一國」的高壓,而極須借仗「兩制」的懷柔。愚見認為,這正是鄧小平「一國兩制」的精髓所在。如何用之化解危機,要看領導人在政治上有沒有大智慧了。

……。 2000年,弟於加國明報專欄,曾發表過「勸王丹轉業書」,今天重讀,心仍淌淚。見《國鍵文集》(第一輯 時評)。

弟與兄皆基督徒也。為數頗眾的主內弟兄姊妹的「反佔」觀點, 弟也相當理解。不過, 教會個別領袖的親建制(今所謂「高牆」)的激昂言論, 雖或賺來一些掌聲, 卻賠上了教會最寶貴的濟扶弱危(今所謂「雞蛋」)的道德感召力, 對教會在中國的長遠發展, 未必會有好處。須知扶助弱勢社羣, 就是奉事了天主。正因這主耶穌的聖訓, 教會不能不堅決站在弱小無助的一方, 那怕統治者做的是何等有理(例如社會政策不應向窮人傾斜之類)。早期的聖教會, 不是在貧民抗命的血淚中成長的麼?

……。願 香港平安。

弟國鍵敬覆
二零一四年十一月三日

(函二 )

R&E:

……。

香港「雨傘」之局, 希望不要困局變死局。不要流血, 也不要秋後算賬如「六四」。E說得對, 就交給上帝審判吧。

辛棄疾《采桑子》:「少年不識愁滋味, 愛上層樓, 愛上層樓, 為賦新詩強說愁。而今識盡愁滋味, 欲說還休, 欲說還休, 卻道天涼好箇秋!」要注意的是, 今天香港沒人脈關係的窮家子們, 就怎的拼搏也未必足以餬口。「愛上層樓」? 可更是遙不可及的奢想呢! 年紀輕輕, 沒曾「強說愁」, 卻已「識盡愁滋味」, 難道從此就做個稜角磨平「欲說還休」的老餅了? 這會是國家民族之福麼?上帝容許發生的事, 又豈會是無緣無故的?

國鍵小小網站, 可能因為傳揚基督教義的關係, 近數月在國內似乎也給「封殺」了。喊冤? 唉...,老啦, — 「欲說還休, 卻道天涼好箇秋」。願
上主與吾民族同在。

國鍵
二零一四年十一月十日

(函三)

R&E:

私見認為, 內地對基督徒態度的突然轉差, 未必定與黃之鋒、陳日君等基督徒的言行有關。否則, 活在一個「一人犯事, 家族株連」、顛三倒四人人劃清界綫的文革式封建社會, 是令人十分心寒的。主要原因, 似乎是新任領導人對於「信仰自由」有了新看法。今年八月, 長期在中國生活開設小咖啡店的加拿大洋宣教士夫婦, 忽然以間諜罪高調被捕, 至今音信全無。多城傳媒(例如CTV), 大幅報道, 結論是中國近月加強壓制國內基督教私自福傳的殺一儆百。 去周, 洋宣教士兒子前赴北京要求探望, 加總理哈珀趁APEC前夕在京亦親自提及, 俱不得要領。唉!

大國崛起, 崛起的是經濟。外表華麗, 內裡思想文化, 仍舊相當蒼白。此所以國鍵網站, 努力介紹基督思想和中國傳統文化, 雖則確是微不足道的一點半滴。對於國內各地讀者群的突然消失, 國鍵當然毫不氣餒。新中國幾十年來時暖時寒, 作為有獨立思想和獨立人格的基督徒, 實乃「世路如今見慣, 我心到處悠然」(張孝祥《西江月》)。今之香港亦然, 管他神化魔化, 黑白顛倒, 衹要心中依仗的是天父而不是人(包括教會的牧者), 能不悠然?

……。

國鍵
二零一四年十一月十一日

# 世情看破：宋詞的遁世觀

(一)

兩宋政治昏濁，鬭爭殘酷。面對強暴，若不啞忍，士人出路，不外有三：一則起而反抗，效李清照那「生當作人傑， 死亦為鬼雄」(《夏日絕句》)，又或文天祥的「人生翕欻云亡， 好烈烈轟轟做一場」，求個「留得聲名萬古香」(《沁園春•題潮陽張許公廟》)；一則埋沒良知，為榮華而助紂為虐，做權貴強詞奪理的文字打手；一則遁迹山林，是非不向門前惹，苟全性命樂清閑。過不了良心一關卻又懦弱怕死的，大多祇能選擇後者—避世遁隱。

於是乎，歷史裡面，什麼成敗，什麼英雄，全給活在封建極權下失意官場的隱逸文人，說成是不值一哂的虛夢幻物。

(二)

這種遁世思想，在宋詞之中，也頗成風尚。千古風流人物？唉，柳永會贈你兩句:「驗前經舊史，嗟漫載當日風流。斜陽暮草茫茫，盡成萬古遺愁。」(《雙聲子•晚天蕭索》)所謂風流也者，徒得個「愁」字耳！

至於國家興乎？衰乎？張昇會賜君一句：「多少六朝興廢事，盡入漁樵閑話。」(《離亭燕•一帶江山》)哈哈，什麼興興廢廢，僅成了凡夫聊天的閑話一堆，有啥大不了？

所以，蘇軾《念奴嬌•赤壁懷古》之「人道是三國周郎赤壁」，「人道(說)」一語，確就可圈可點了。三國風流人物英雋如周瑜，三國戰事壯烈如赤壁，在歷史的大江洪流中，僅剩得人們一點隱約的回憶，作為茶餘飯後打牙骹的零碎笑料而已。

謀官爵？立大功？創帝業？唉，王安石說得對，「自古帝王州」，不外是：「四百年來成一夢，堪愁！... 往事悠悠君莫問，回頭。檻外長江空自流！」(《南鄉子•自古帝王州》)

(三)

回頭？稍具良知但又惜命的有志士人，受盡打壓之後，確又不能不「回頭」了。南宋熱血詞人辛棄疾的「生子當如孫仲謀」(《南鄉子• 登京口北固亭有懷》)，很容易就寫成了同時代的愛國詩人陸游的「君看赤壁終陳迹，生子何須似仲謀」(《黃州》)(拙按: 孫仲謀即孫權)。 所謂豐功偉業，歲月磨洗，終多化為教人唏噓的模糊陳迹。大家熱衷功名，爭那「天下英雄」作啥？

悟了，回頭了，無妨學傚蘇軾，「小舟從此逝，江海寄餘生」(《臨江仙•夜飲東坡》)。亦即陸游所嚮往的 ，「家住蒼烟落照間，絲毫塵事不相關」(《鷓鴣天•家住蒼烟》)。

故此，在封建極權的政治體制下，有傲骨的讀書人若立志建功，到頭來總多換來老年時的傷心悔惜 。正晁補之所言 :「儒冠曾把身誤。弓刀千騎成何事，荒了邵平瓜圃。...功名浪語。便似得班超，封侯萬里，歸計恐遲暮！」(《摸魚兒•買陂塘》)

現實如此，奈何奈何！

## (四)

唐世白居易早說過 :「百年隨手過，萬事轉頭空。」(《自詠》)宋代蘇軾繼之曰 :「休言萬事轉頭空，未轉頭時是夢。」(《西江月•三過平山》)此生空也好，夢也好，不幸盡成了千百年來追求道德人格為民效命的傷痛文士的最佳註脚。

文士遁世背後的這種空夢思想，在元曲和明清小說裡面，也頗成主流。元代馬致遠的作品固不用說，明代楊慎膾炙人口的《臨江仙》，那句「浪花淘盡英雄」、「是非成敗轉頭空」、「白髮漁樵江渚上， 慣看秋月春風」，不就是宋詞避世思想的大雜炒麼？至如清代曹雪芹筆下的《紅樓夢》，榮華富貴，也更是空而又空，夢之又夢了。

## (五)

當然， 空耶夢耶，名耶利耶，世逢亂濁，人各有志，本也怪不得誰。然而，二零一四年秋，香港發生驚世「雨傘」大事，卻有年邁的高級知識份子，急急撰文「表態」，把當權者動不動就祭出來的「美帝搞鬼」、「民主招亂」的陳舊靈符，在報刊上再貼一遍。此公幫政府推卸責任、轉移視綫之餘，結論還公然譏諷青年學生「頭腦簡單，易受煽動」，復責問「香港的知識份子何在」。直如不知梅雪為何物的沒腰骨的夏蟲，唧唧地高聲誇耀，它自己是何等的「有血性、有歷史感、有綜觀全域能力」，是何等的一寒梅傲雪。大儒唐君毅若讀之，恐亦噴飯！

遁隱士人，不問世事，拒做獨裁者的應聲蟲，尚算良心未泯。其怯於朝廷報復而不敢發聲者，論道德人格，難道會較賣靈求榮的文棍卑劣？

二零一六年春三月，潘國鍵稿於多倫多如心齋。也無風雪也無晴。

# 張記瑣憶

## (一) 前言

國鍵於張祝珊英文中學執教近十五年矣，頗有經歷。今年老將盲，略憶瑣事，聊饗校友。校園諸相片，乃多城校友Stanley Kwok(74)、Catherine Mok(75) 伉儷於2016年11月28日探訪母校所拍攝。蒙允借用，謹此致謝。

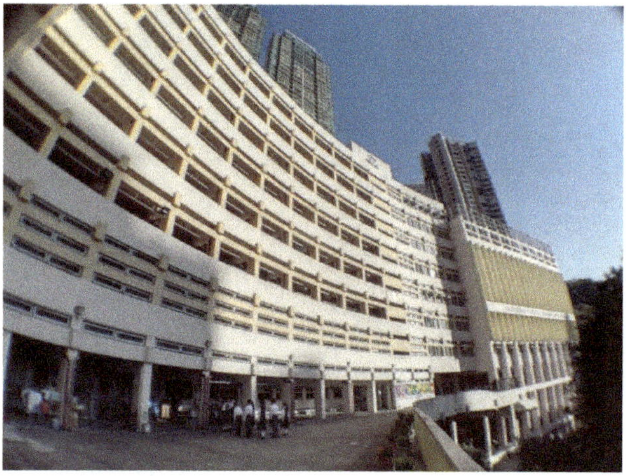

## (二) Earn more?

八十年代初，禮堂師生齊聽訓。訓話結語，是挺有力的一句:「Learn more, earn more! 」 擲地有聲。

殊不知，把Learn 功利地視為Earn，缺了個L，教育就失掉靈魂!

L者何? Love ( compassion ) 是也。

## (三) 踏上雲景道

1972年的冬天，同系大師兄忽來求救於我。事因師兄剛獲海外名大學收錄為博士生，卻於張祝珊英文中學仍須兼課，教F.6中史。在系內頗略知名的我，若肯接任，他始安心辭職。

時國鍵剛寫畢碩士論文，行將失業，同亦感激至近乎流涕。

## (四) 用人不疑

往見羅宗熊校長。校長威嚴，卻是微笑着說:「Mr.Poon，你做好本份教好書便是，其他我不多管。」

果真。校長極少巡堂，也絕不會忽地站在課室門口探首內望，嚇人一跳!

用人不疑，疑人不用。

## (五) 校內楷模

國鍵張記十五年，大家最敬重的同事，當推副校長Mrs. Yuen (阮吳少雯老師)。阮太授地理課。行政工作，也大多推往她的身上。勞累之餘，頗亦受氣。

可每次在走廊碰見，她總仍是笑容可掬，亦從不因居高位而擺架子。

猗歟有教養，師生共欽仰!

兩旁國鍵夫婦，中為阮禧校長阮太賢伉儷一家。時1987年夏。

## (六) 晉文公

七零年代中某農曆新春，張記眾男教師應邀於Kung sir府上喫茶。

夫Kung sir者，龔文俊老師也。由於姓龔，既不可尊之為「龔公」(唔多好聽)，更不能稱之曰「老龔」(尤其女士)。結果呢，余等一於把Kung sir的姓名倒轉唸，哈哈，即時有了春秋五霸晉文公的尊貴。

嚕嚕嚕，讀史豈曰冇實用?

From left to right: Mr Watt, Mr Poon, Mr Au-yeung, Mr Ho, Mr Fan, Mr Law, Mr Fung, Mr Ng, Mr So, Mr Leung, Mr Kung, Mr Lee, Mr Tang, Mr Wong.

## (七) 泡湯

八零年代初，與5E眾同學製作搞笑音樂劇，為聖誕禮堂集會添氣氛。

同學們自編、自導、自彈、自唱、自演，女主角由男生反串，俱極具創意。國鍵借了音樂室，午膳時練習，周六則排演。全劇歌曲對白皆先錄音，乃防甩漏搲Q，亦控制演出時間。且素知學校保守，是以處處小心。唱至許冠傑「半斤八両」的「吹脹」，也改之為笛聲。

禮堂綵排後，有人傳話，......。

學生失落，潘sir孭鑊!

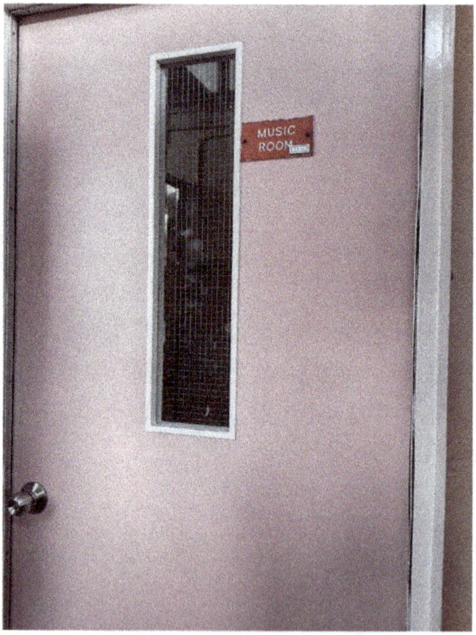

## (八) 包冇冷場

張記女教員室有二，一大一細。細房最有活力的同事，乃Miss Winnie Wong(黃志芳老師)也。

Miss Wong 午飯後會在走廊散步。途經男教員室門口，偶爾會躇足聊幾句: 「嘻嘻，澳元又升喇，……。」在對誰說，今永成謎。獨龔 sir 有時忍不住口，答她兩聲。

Miss Wong愛好旅遊，見聞廣博，故亦健談。同事聚會想熱鬧又唔想嘥氣，她一出場，問題那就解決了。

左至右: 國鍵，Miss Winnie Wong 。

## (九) 太監飯

張記飯堂，印象深刻的，除肉絲湯米粉、粟米肉粒飯外，莫如三寶飯。三寶者，大多是半邊鹹蛋、一條臘腸加片午餐肉之類。每吃此飯，國鍵總會想起「三寶(保)太監下西洋」，故常視之為太監飯。

十五年來吃了甚多太監飯，竟還沒能成為太監，倒有點奇怪。

後始豁然省悟: 做太監也是講條件的，例如性格要陰，腰骨要柔......。

## 十) 人以群分 I

七十年代，張記男同事與國鍵有交情者，乃吳長和、屈石生、郭國全、馮志揚、羅志勤、劉敏立、黃偉邦諸兄也。皆性情耿直，不懂「擦鞋」。

長和兄謙和厚重。石生兄温文有義。國全兄古道熱腸，贏得才女Miss Leung(梁麗蘊老師) 的芳心，結為佳偶。志揚與偉邦兩兄熱愛揸車，同係足球健將。志勤兄棋藝高超、攝影大師，曾於上環自設影室。《潘國鍵書法展覽》書法的相片，都是他的大作。敏立兄氣定神閑，亦象棋高手。午飯後常與羅兄劉兄對奕，唉，腦汁絞盡，也不過勉強打個平手。

左至右: 黃偉邦、羅志勤、屈石生、潘國鍵、馮志揚，1982年8月。

左至右: 馮志揚、黃偉邦、郭國全、潘國鍵，1983年8月。

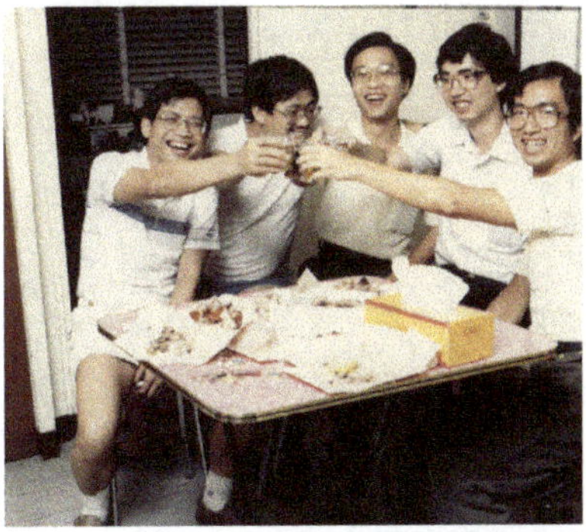

左至右: 潘國鍵、羅志勤、黃偉邦、劉敏立、馮志揚，1987年夏，影室。

## (十一) 人以群分 II

1980年後，新來的伍敬賢兄、任正賢兄，也成了莫逆之交。

敬賢兄教地理，為人爽直有正氣，後與Miss Chan(陳巧華老師)諧連理。正賢兄藝術家，樸素清逸，遍遊大江南北，據悉1996年入選「當代香港藝術雙年展」。

1987年春節，三人同往深圳某公園燒炮仗。嗖的一聲，火箭在半空火藥沒燒盡就意外地掉了下來，沙地小雜草隨即有點冒煙。正嚇得慌張，可任兄立除大衣往煙處拍打，煙便沒了。哎喲，真險!!

左至右: 潘國鍵，Miss Lo，伍敬賢，Mr Yeung 。

左至右: 任正賢，Miss Law 。

陶碗乃正賢兄所製贈，甚有古風 。

## (十二) 病

七十年代中，國鍵因教書而患慢性喉炎，長期吃藥，兼動手術。

手術後的兩三年，無法大聲說話，惟有多寫黑板，隨身帶個小型擴音器。教學不甚理想，至今仍感愧疚。

張記用咪上堂，國鍵信是第一人了。未幾全港學校課室皆裝咪，說不定乃教署見憐於我也。 哈哈!

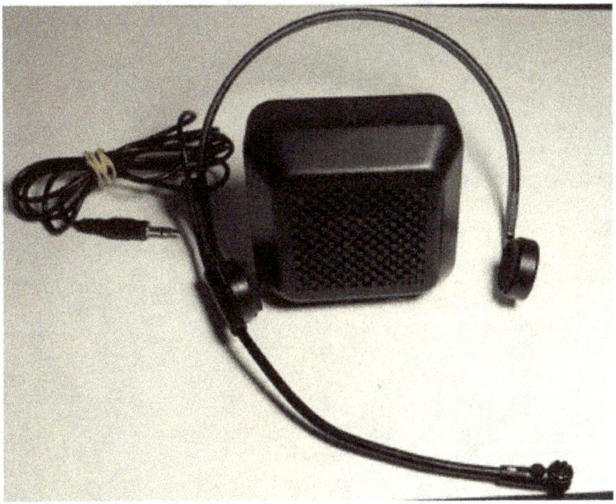

國鍵近年新購的小型擴音器，較七十年代的細得多。

## (十三)校工

鄧伯鄧嬸，張記之資深校工也。須知校園生活之愉快，亦賴校工們之清潔維修、印刷搬抬。默默辛勤，身水身汗。何忍再頤指氣使，視之若一己之奴僕?

非以役人，乃役於人。此之謂教育。

謹向鄧伯鄧嬸及校工們致敬!

左至右: 國鍵，鄧伯 。

## (十四) 塞翁失馬

七十年代末，一個奇冷難抵的冬日，鄭 sir (鄭偉波老師) 穿了件很有中國feel的綿襖回校。晨早上課鐘還沒響，就給召往「照肺」了。

照後鄭 sir 氣爆肺。喂，一次冇打呔啫，便要看臉色了? 翌年就劈炮唔撈。後來當上城巴的董事總經理。

論事業呢，離開張記的同事，在社會上俱有大成就，比呆在區區的一所中學勁得多!

左至右: 國鍵，羅志勤，鄭偉波 。

## (十五)中大?

張記重英輕中。一沾上「中」，便多成了次等。

八十年代，中文大學搶收中學會考優異生，推行暫取制。張記為保A Level成績及港大入學率，極力阻撓。學生問我，應曰: 一鳥在手，好過百鳥在林; 況公開考試，七成工夫，三分運氣，誰可擔保?

此後，我又多了個「反對派頭頭」的稱號。唉，辦教育的，該以入港大為貴，還是以學生的利益和前途為念?

事實證明，張記入中大而出人頭地者，大不乏人。例如許曉暉，等等。

黌宮長廊樂伴行

## (十六) 夏決

行刑曰「秋決」。學年尾，審定中四學生升中五的會議，則係「夏決」。地點在圖書館。

「會考佢英文會肥佬麽?」「夠唔夠五科先?」……。每年總有好幾個不達標的給揪了出來，留級又或勸喻轉校。令人十分傷感!!

張記F.5會考哪英文在內共五科成績100%及格的名校傳奇，多少是由夏決學生們的斑斑血淚寫成的。人們在炫耀，我卻感悲涼。

圖書館

## (十七) 校訓?

教育是溫情事業。有溫情，才有凝聚力，學校才能茁壯，才可百年屹立。

溫情出於內心的仁愛，亦即關乎品德修養。是以老牌名校的校訓，例如英華男校之「篤信善行」，英皇之「慎思篤行」，喇沙之「克己復禮」，女拔萃之「勵志揚善」，瑪利諾之「明德惟馨」...，莫不以品德為本。讀書考試，不過工具。

七、八十年代，張記沒有校訓。既無西方基督思想之大愛，亦乏中國儒道仁義之傳承。有的衹是測驗測驗加考試，冷冰冰的鐵板一塊。今抬頭忽見校訓「敏行、正心、博學、日新」，文字一堆，雜亂難讀。重點在哪?

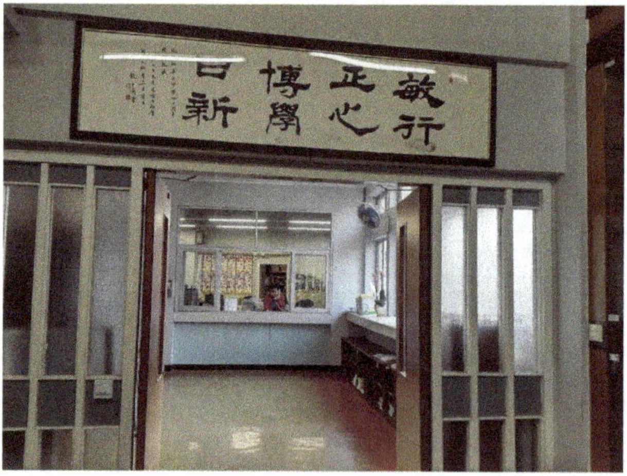

## (十八) 張記之弊 I

讀書不是為了考試; 教育也不全是在於讀書。音樂、體育、群體合作與及品格培養，同樣重要。

張記的最大缺陷，是把考試成績幾看成是教育的全部。與其稱之學校，毋寧說是一所專門製造考試能手、管理嚴厲的工廠。

世間可有讀書工廠能成為百代景仰的名校麼?

(下列張記資料之來源: http://www.bookofschool.com/school/controller/schoolSearch?reporttype=secondaryranking&schoolcategory=2 )

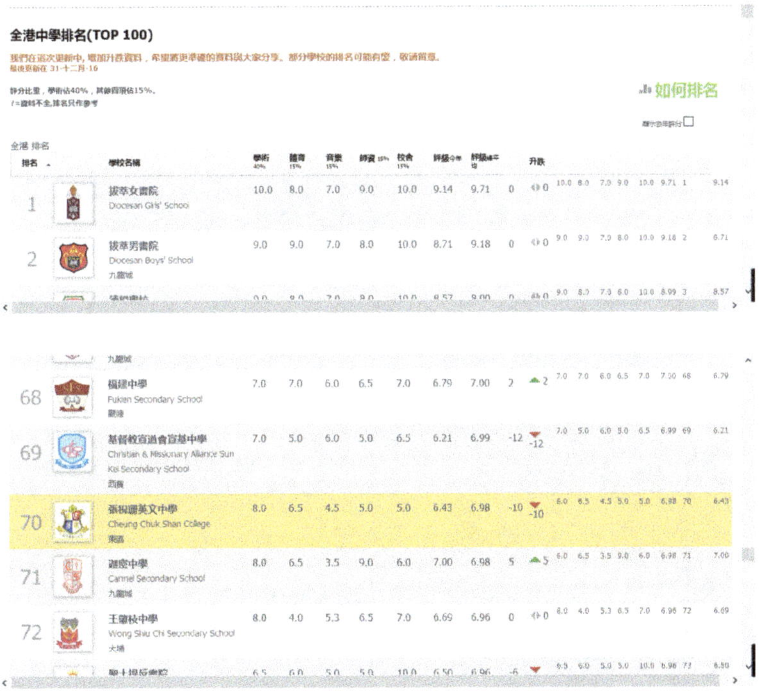

全港中學排名(TOP 100)

我們在這次更新中，增加升跌資料，希望將更準確的資料與大家分享。部分學校的排名可能有變，敬請留意。
最後更新在 31-十二月-16

評分比重，學術佔40%，其餘四項佔15%。
?=資料不全,排名只作參考

如何排名

顯示去年評分

全港 排名

| 排名 | 學校名稱 | 學術 40% | 體育 15% | 音樂 15% | 師資 15% | 校舍 15% | 評級今年 | 評級[illegible] | | 升跌 | | | | | | | | | |
|---|---|---|---|---|---|---|---|---|---|---|---|---|---|---|---|---|---|---|---|
| 1 | 拔萃女書院 Diocesan Girls' School | 10.0 | 8.0 | 7.0 | 9.0 | 10.0 | 9.14 | 9.71 | 0 | 0 | 10.0 | 8.0 | 7.0 | 9.0 | 10.0 | 9.71 | 1 | 9.14 |
| 2 | 拔萃男書院 Diocesan Boys' School 九龍城 | 9.0 | 9.0 | 7.0 | 8.0 | 10.0 | 8.71 | 9.18 | 0 | 0 | 9.0 | 9.0 | 7.0 | 8.0 | 10.0 | 9.18 | 2 | 8.71 |
| [illegible] | [illegible] | [illegible] | [illegible] | [illegible] | [illegible] | [illegible] | [illegible] | [illegible] | [illegible] | [illegible] | 9.0 | 8.0 | 7.0 | 6.0 | 10.0 | 8.99 | 3 | 8.57 |
| 68 | 福建中學 Fukien Secondary School 觀塘 | 7.0 | 7.0 | 6.0 | 6.5 | 7.0 | 6.79 | 7.00 | 2 | 2 | 7.0 | 7.0 | 6.0 | 6.5 | 7.0 | 7.00 | 68 | 6.79 |
| 69 | 基督教宣道會宣基中學 Christian & Missionary Alliance Sun Kei Secondary School 西貢 | 7.0 | 5.0 | 6.0 | 5.0 | 6.5 | 6.21 | 6.99 | -12 | -12 | 7.0 | 5.0 | 6.0 | 5.0 | 6.5 | 6.99 | 69 | 6.21 |
| 70 | 張祝珊英文中學 Cheung Chuk Shan College 東區 | 8.0 | 6.5 | 4.5 | 5.0 | 5.0 | 6.43 | 6.98 | -10 | -10 | 6.0 | 6.5 | 4.5 | 5.0 | 5.0 | 6.98 | 70 | 6.43 |
| 71 | 迦密中學 Carmel Secondary School 九龍城 | 8.0 | 6.5 | 3.5 | 9.0 | 6.0 | 7.00 | 6.98 | 5 | 5 | 6.0 | 6.5 | 3.5 | 9.0 | 6.0 | 6.98 | 71 | 7.00 |
| 72 | 王肇枝中學 Wong Shiu Chi Secondary School 大埔 | 8.0 | 4.0 | 5.3 | 6.5 | 7.0 | 6.69 | 6.96 | 0 | 0 | 8.0 | 4.0 | 5.3 | 6.5 | 7.0 | 6.96 | 72 | 6.69 |
| [illegible] | [illegible] | 6.5 | 6.0 | 5.0 | 5.0 | 10.0 | 6.50 | 6.96 | -6 | [illegible] | 6.5 | 6.0 | 5.0 | 5.0 | 10.0 | 6.96 | 73 | 6.50 |

## (十九) 張記之弊 II

小兒就讀有二百年歷史的英華書院。沒有張記的測驗多多，更沒有張記英文肥佬又或唔夠五科不得升中五的壓力。於是乎，他可以看愛讀之書，有閑情參加校際英文朗誦比賽、校際英文故事創作比賽等等，會考成績倒沒見得不優良。

英華會考成績容或偶爾稍遜張記，但在校際運動和音樂方面的成就，張記真係望塵莫及。時英華校長楊寶坤先生(前立法局議員、輔警總警司、OBE、 OStJ 、 CPM、JP)，謙容和善，「PK」花名任你講。學生對學校的自豪感和歸屬感，又豈是張記之所能比?

學校教育若僅沈醉於考試的狂熱操練，很容易便會隨公開考試形式的改變和成績之升跌，浮沈苦海，遇挫即潰。可不慎哉!

(下列英華資料之來源: http://www.bookofschool.com/school/controller/schoolSearch?reporttype=secondaryranking&schoolcategory=2 )

**全港中學排名(TOP 100)**

我們在這次更新中，增加升跌資料，希望將更準確的資料與大家分享。部分學校的排名可能有變，敬請留意。
最後更新在 31-十二月-16

評分比重，學術佔40%，其餘四項佔15%。
?=資料不全,排名只作參考

如何排名

全港 排名

| 排名 | 學校名稱 | 學術 40% | 體育 15% | 音樂 15% | 師資 15% | 校舍 15% | 評級今年 | 評級去年 | | 升跌 | | | | | | | | |
|---|---|---|---|---|---|---|---|---|---|---|---|---|---|---|---|---|---|---|
| 1 | 拔萃女書院 Diocesan Girls' School | 10.0 | 8.0 | 7.0 | 9.0 | 10.0 | 9.14 | 9.71 | 0 | 0 | 10.0 | 8.0 | 7.0 | 9.0 | 10.0 | 9.71 | 1 | 9.14 |
| 2 | 拔萃男書院 Diocesan Boys' School 九龍城 | 9.0 | 9.0 | 7.0 | 8.0 | 10.0 | 8.71 | 9.18 | 0 | 0 | 9.0 | 9.0 | 7.0 | 8.0 | 10.0 | 9.18 | 2 | 8.71 |
| [illegible] | [illegible] | 9.0 | 8.0 | 7.0 | 8.0 | 10.0 | 8.57 | 9.00 | 0 | 0 | 9.0 | 8.0 | 7.0 | 8.0 | 10.0 | 8.99 | 3 | 8.57 |
| 11 | 皇仁書院 Queen's College 灣仔 | 8.0 | 10.0 | 6.0 | 8.0 | 9.0 | 8.14 | 8.41 | 0 | 0 | 8.0 | 10.0 | 6.0 | 8.0 | 9.0 | 8.41 | 11 | 9.14 |
| 12 | 聖士提反女子中學 St. Stephen's Girls' College 中西區 | 9.0 | 8.0 | 6.0 | 7.0 | 8.0 | 8.00 | 8.37 | 0 | 0 | 9.0 | 8.0 | 6.0 | 7.0 | 8.0 | 8.37 | 12 | 8.00 |
| 13 | 香港華仁書院 Wah Yan College Hong Kong 灣仔 | 8.0 | 9.0 | 6.0 | 7.0 | 9.0 | 7.86 | 8.28 | 0 | 0 | 8.0 | 9.0 | 6.0 | 7.0 | 9.0 | 8.28 | 13 | 7.86 |
| 14 | 英華書院 Ying Wa College 深水埗 | 8.8 | 9.0 | 6.0 | 5.0 | 8.0 | 7.77 | 8.16 | 0 | 0 | 8.8 | 9.0 | 6.0 | 5.0 | 8.0 | 8.16 | 14 | 7.77 |
| 15 | 香港培正中學 Pui Ching Middle School 九龍城 | 8.0 | 7.0 | 5.3 | 6.5 | 9.0 | 7.40 | 8.08 | 1 | ▲1 | 8.0 | 7.0 | 5.3 | 6.5 | 9.0 | 8.08 | 15 | 7.40 |

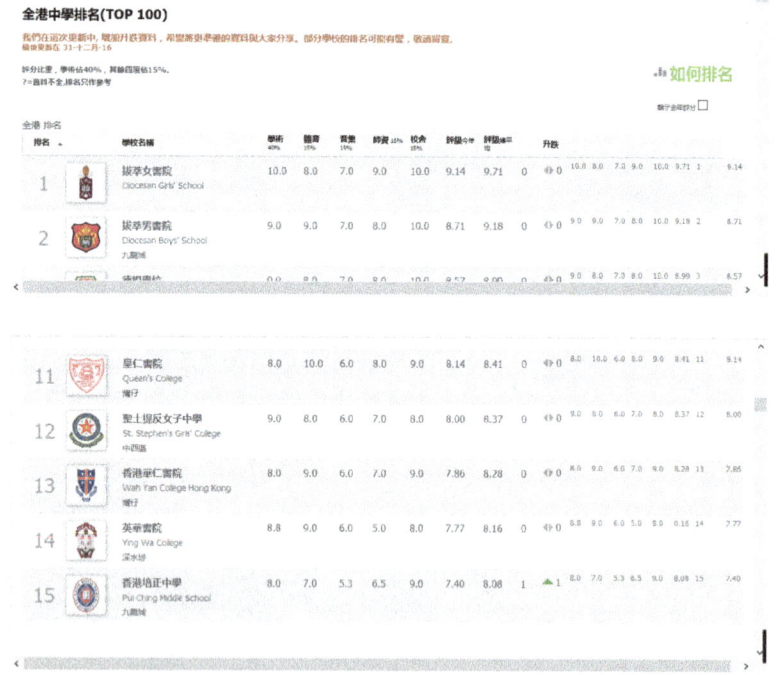

## (廿) 結語

革新，要有胸襟、視野和勇氣。主事者若以學生的幸福為計，非以個人之私利私名為謀，以張記師生的實力，沒理由不能傲立於老牌名校之林。

至如七十年代的老師們，都退休了。昔日的晴晴雨雨，俱成陳迹。今日瑣碎的回憶，相信都付笑談中了。

西風殘照，雲景道峭。

多城校友會初成立，張記將籌賀五十大慶。遂撰蕪憶二十則，草草不工。二零一七年二月眇人潘國鍵並識。

CPSIA information can be obtained
at www.ICGtesting.com
Printed in the USA
BVHW051713040319
541704BV00025B/1997/P

9 781775 356646